한일회담과 문화재 반환 협상

한국외교협상사례 총서 3

한일회담과 문화재 반환 협상

초판 1쇄 발행 2022년 12월 15일

지 은 이 류미나
발 행 인 한정희
발 행 처 경인문화사
출판번호 406-1973-000003호
주소 (10881) 경기도 파주시 회동길 445-1 경인빌딩 B동 4층
전화 031-955-9300   팩스 031-955-9310
홈페이지 http://www.kyunginp.co.kr
이메일 kyungin@kyunginp.co.kr

ISBN 978-89-499-4953-6 94340
       978-89-499-4940-6 (세트)

- 이 책은 집필자의 견해를 바탕으로 작성된 것으로서
  외교부의 공식입장과는 무관한 것입니다.

국립외교원 외교안보연구소
외 교 사 연 구 센 터

한일회담과 문화재 반환 협상

류미나

경인문화사

간행사

　뛰어난 인재를 구하기 어려움은 옛날과 오늘이 다르지 않았으니, 선인들은 이를 '재난(才難)'이라는 말로 표현했습니다. 특히 대한민국 외교를 짊어질 외교관 후보자와 초임 외교관들에 대한 교육의 중요성과 어려움은 새삼 강조할 필요도 없을 것입니다. 이에 국립외교원 외교안보연구소 외교사연구센터는 외교관후보자 교육과 초임 외교관들의 실무에 도움을 주고자 2018년부터 「한국외교협상사례」총서를 발간하고 있습니다. 본 총서는 1948년 대한민국 정부 수립 이후 오늘에 이르기까지 외교부가 수행한 주요 외교협상 사례의 배경, 주요 쟁점, 전략, 과정, 성과 및 후속조치 등을 체계적으로 서술함으로써 그 공과(功過)를 기록하고 정책적 함의를 도출하는 데 그 목적이 있습니다.

　이를 위해 국립외교원은 국내 정치외교학계 및 국사학계의 최고 전문가들로 구성된 기획편집위원회의 자문을 받아 주요 외교협상사례 100건을 선정한 후, 이를 바탕으로 매년 5책 내외의 「한국외교협상사례」총서를 간행하고 있습니다. 본 편찬사업의 실무를 담당한 김종학 외교사연구센터 책임교수와 집필자 추천으로부터 최종 결과물의 심사에 이르기까지 전 과정에 참여해주신 신욱희, 홍석률 공동위원장을 비롯한 기획편집위원들의 헌신적인 도움과 노력에 심심한 사의를 표합니다. 본 총서가 장래 한국 외교의 동량(棟梁)이 될 우리 외교관 후보자들에게 귀감이 되는 교재이자 현직 외교관들의 유용한 업무 지침서로 널리 활용될 수 있도록 많은 관심과 격려를 부탁드립니다.

2022년 1월

국립외교원장 홍현익

   3만 장의 낱장이었던 한일회담 외교 사료 한국 측 문서. 그리고 6만 장이 넘는 일본의 외무성 자료. 이 두 자료를 만난 것은 2009년의 일이다. 이 자료들을 통해 한일회담에서 문화재 반환 협상이 어떠한 과정을 거쳐 진행되었는지 알 수 있게 됐다. 이는 한일회담의 실체를 파악하자는 노무현 정부의 의지와 '일한 시민이 만드는 일한회담 문서·전면공개를 요구하는 모임'이란 일본 시민단체의 노력으로 얻어낸 성과였다.

   이 두 자료에 따르면, 한국 측의 문화재 반환 협상을 위한 움직임이 시작된 것은 1951년 10월 '구 왕실재산목록에 관한 조사'를 실시하면서부터이다. 다음 해인 1952년 1월, 비공식 자리에서 만나 시작된 한·일 간 문화재 반환 협상은 이후 약 14년에 걸쳐 진행됐다.

   당시 한국은 한국전쟁의 막바지에 들어선 때이고, 식민지 조선에서 해방된 지 불과 6년 정도가 지난 시점이었다. 한국 정부의 공식적 외교로는 가장 긴 협상의 경험을 안겨준 시간들이었다. 모든 것이 혼란스럽고 부족한 때였기에 이 협상은 처음부터 한국 측에 불리한 협상이었다.

   처음 협상이 시작됐을 때, 문화재 반환 협상은 그리 중요한 안건은 아니었다. 물론 협상 항목 중 그 어느 것 하나 중요하지 않은 것이 없었겠지만, 재일조선인의 국적 문제나 청구권 문제, 그리고 어업 및 선박 반환에 대한 문제와 비교할 때, 문화재는 언제나 후순위로 밀려났다. 그러나 한·일 간 문화재 반환 문제는 일본의 조선 침략이 정당했는가의 여부와 직결된 사안이었다. 부당하게 반출한 문화재가 있다는 것은 '일본의 조선 지배' 그 자체가 부당했음을 증명하는 것이기 때문이다.

물론 이러한 사실을 잘 알고 있는 양측은 1965년 6월 18일, 마지막 협상의 밤을 지새울 때까지 팽팽한 싸움을 이어갔고, 그 사이 한국은 4·19혁명과 5·16군사쿠데타를 겪었다.

한일회담은 식민지 종주국인 일본과 최초로 벌인 외교 담판이었고, 그 담판 속에는 한국의 근·현대사가 담겨 있는 매우 중요한 사건이었다. 이렇게 중요한 한일회담이 이번 국립외교원의 외교협상 사례로 선정된 것을 매우 기쁘게 생각하며 이 회담 속에 들어 있는 우리의 역사를 회고하려 한다.

이 책이 나오기까지 많은 선배님들과 동료들의 도움을 받았다. 필자에게 이 책을 맡겨주신 국립외교원의 조양현 선생님과 이상숙 선생님, 그리고 정종혁 선생님께 깊은 감사를 드린다. 작업 속도가 느리고 소통이 어려웠음에도 불구하고 인내하며 기다려주신 선생님들께 무한한 감사와 죄송한 마음을 꼭 전하고 싶다.

마지막으로 필자가 한·일 간 문화재 반환 문제를 다룰 수 있는 기회를 제공해주신 국민대학교 일본학연구소의 이원덕 선생님께 깊은 감사를 드린다. 이원덕 선생님이 아니었으면 이 문제를 생각해보지도 못했을 것이다. 필자의 연구 영역의 외연을 확장시켜 주신 혜안에 늘 감사하고 있음을 이 자리를 빌려 전하고자 한다.

2021년 12월 말

류미나

차 례

| 표 |

| 그림 |

범 례

1. 본 총서는 한국외교협상사례 기획편집위원회가 선정한 『한국 100대 외교협상사례』에 기초하여 협상의 배경
   과 중요 쟁점, 전개과정과 협상전략, 후속조치와 평가 등을 서술한 것이다.

2. 본 총서의 집필자 추천 및 원고 심사는 한국외교협상사례 기획편집위원회가 담당하였다. 본 위원회의 구성
   은 다음과 같다.
   공동위원장   신욱희(서울대학교), 홍석률(성신여자대학교)
   위   원   신종대(북한대학원대학교)
   위   원   우승지(경희대학교)
   위   원   정병준(이화여자대학교)
   위   원   조양현(국립외교원)

3. 본 총서는 각 협상사례를 상대국 및 주제에 따라 총 7개의 클러스터로 분류하였다. 각 클러스터는 책등 및
   앞표지 상단의 사각형 색으로 구분하였다.
   1) 한반도(황색)
   2) 미국(주황색)
   3) 일본(자주색)
   4) 중국, 러시아(보라색)
   5) 유럽, 제3세계(남색)
   6) 국제기구, 환경(녹색)
   7) 경제통상(연두색)

4. 부록에는 협상의 관련 자료와 연표 등을 수록하였다.

　　1) 관련 자료에는 한국, 협상상대국, 제3국의 외교문서 원문 및 발췌문, 발표문, 언론보도 등을 수록하였다.

　　2) 자료의 제목, 공식 문서명, 발신일, 수록 문서철, 문서등록번호, 기타 출처 등은 부록 서두에 목록화하였다.

　　3) 연표에는 주요 사건의 시기와 내용, 관련 자료 등을 표기하였다.

　　(예)

시기	내용
1950. 10. 7.	유엔총회 UNCURK 창설 결의
[자료 1] "Resolution 376 (V) Adopted by the General Assembly"	

　　4) 자료의 제목은 공식 문서명을 기재하는 것을 원칙으로 하되(예: "Telegram from the Embassy in Korea to the Department of State") 편의상 자료의 통칭 등을 기재하기도 하였다(예: "닉슨 독트린").

　　5) 자료는 원칙적으로 발신일을 기준으로 나열하되, 경우에 따라 협상 단계 및 자료간 연관성 등을 고려하여 배치하였다.

| 개요 |

한·일 양국의 문화재 관련 외교협상은 1952년부터 시작된 한일회담부터이다. 한일회담은 양국의 국교정상화를 목표로 시작해 약 14년에 걸쳐 진행됐는데, 문화재 반환 협상은 각 분야 협상 중에서도 가장 긴 시간을 소요한 것으로 유명하다. 그만큼 문화재 반환 협상을 둘러싼 양국의 첨예한 대립이 있었고, 그 대립들이 대부분 식민지 지배에 대한 정당성 여부와 직결되는 사안이었기 때문에 협상이 매우 어려웠다는 것을 의미한다.

또한 이 협상은 한국전쟁 중에 개최되었기 때문에 한국 정부 입장에서는 불리한 조건이 많았다. 냉전과 더불어 대두된 한일 국교정상화의 필요성은 미국의 개입으로 출발했기 때문에 한일 양국의 주도적 진행만을 주장하기에는 제약이 많았다. 그리고 이 협상에 북한이 제외돼 있었던 점 역시 협상의 한계라 할 수 있다.

한일회담 문화재 반환 협상을 이해하기 위해서 다음과 같은 쟁점 현안과 분석 사항에 주의해야 할 것이다.

첫째, 일본이 한반도에서 가져간 문화재를 불법적인 것으로 보느냐의 여부이다. 이것은 한국병합의 정당성 여부와 짝을 이뤄 늘 논쟁의 불씨가 되어 왔는데, 이는 일본이 가져간 문화재들을 한국에 돌려줄 때, '반환'으로 볼 것인지의 여부와도 관계가 있다. 둘째, 이 협상에서 다루는 한반도의 문화재 유출 문제를 어느 시기까지 소급해서 상정하느냐의 문제이다. 예를 들어 일본으로 건너간 문화재 중 임진왜란 시기 등 수백 년 전까지의 유물도 포함시키느냐의 논의는 중요한 의제로 다뤄졌다. 셋째, 협상 결과 일본이 한국 측에 문화재를 돌려줄 경우 무엇을 얼마큼의 양으로 정하느냐, 그리고 그것을 한·일 양국 중 어느 쪽에서 주도를 하느냐의 안건이다. 이 쟁점 역시 어느 쪽이든 양보할 수 없는 문제였기에 협상은 지난한 과정을 거쳐야 했다.

또한 보이는 협상자와 보이지 않는 협상자들의 문제도 중요하다. 예를 들어 일본의 경우, 문화재 관련 협상 그 자체는 외무성이 진행하지만, 문화재를 관리·감독하는 문부성의 영향력을 무시할 수 없는 상황이었다. 특히 문부성 외곽단체인 '문화재보호위원회'의 협조 없이는 외무성이 협상을 원활하게 진행하기 어려웠던 배경을 충분히 살펴야 한다. 일본의 조선 식민지정책에 대한 충분한 사전 지식 또한 문화재 반환 협상을 이해하는 데 필요한 기반이다. 조선총독부는 조선에서 문화재를 발굴하고 조사하며, 수리하고 보존하는 것은 물론 전시에 이르는 시스템을 주도적으로 만들었고, 일본 학계는 이를 철저하게 도왔다. 한일회담 당시 이 일본 학계의 동향은 협상의 향방을 가르는 중요한 요인으로 작용했다. 이에 대한 철저한 규명이 필요하다.

이 책은 필자가 2009년부터 진행해온 한·일 문화재 반환 협상 관련 논문과 연구 성과를 기반으로 그 일부를 소개하는 것이다. 국립외교원에서 간행하는 총서로 한국 정부의 외교 전략에 필요한 내용으로 구성되어 있어, 일반 학술 저서와는 그 성격이 다르다. 한일회담에서 문화재 반환 협상이 어떻게 진행됐는가를 파악하고 그 의미를 재고하는 데 중점으로 두고 작성했기 때문에 전체적으로 낯선 글쓰기와 구성으로 되어 있지만 한일 양국의 현안이 무엇인지를 파악하는 데 도움이 될 것으로 기대하며 준비했다.

한일회담과
문화재 반환 협상

Ⅰ. 서론

1. 문화재 반환 협상 사례 연구의 의의

이 협상은 식민지 종주국과 피지배국 간에 맺은 국교정상화 과정이라는 의미에서 볼 때, 외교사적 중요도가 매우 높다. 정부 수립 이후 초창기에 대응한 외교협상임은 물론, 이로 말미암아 현재의 한·일 관계가 구축됐기 때문이다. 최근에도 한·일 간의 역사인식과 관련한 분쟁이 발생하거나 영토 문제, 그리고 식민지 지배에 의한 피해자의 문제로 마찰이 생길 때마다 한일회담은 양국의 과거 청산의 기준이 되며 양국 관계의 현재성을 규정하는 기반이 된다. 이 협상은 한·일 간 외교의 범주만이 아니라 그 이후 한국 정부가 체결한 제3국과의 협상에도 영향을 끼쳤고, 앞으로의 외교협상 전략에도 유효한 영향을 끼칠 것이다. 이런 점에서 볼 때, 문화재 반환 협상 사례는 다음과 같은 의의가 있다.

첫째, 이 협상은 한반도 출토 문화재의 해외 유출과 관련해 최초로 일본 정부에게서 일부 문화재를 반환 받은 성과가 있었다. 한일회담 당시, 한국 측의 문화재 반환 협상은 일본의 조선에 대한 식민지 지배의 부당성을 드러낸 사례이지만, 증거 자료의 불충분과 일본의 반복되는 부당 반출에 대한 부정, 구체적 반환 대상의 모호성 등의 난관에 부딪혀 일본 정부의 반환 의사를 이끌어내기에 어려운 상황이었다. 더욱이 재일조선인의 법적 지위를 어떻게 규정할 것인가에 대한 문제와 한반도 유일의 정부를 한국으로 규정하느냐의 문제, 더불어 청구권 배상과 해방 후 발생한 영토 문제와 어업권 설정 문제 등 산적한 사안에 밀려 그 우선순위가 높지 않았다. 그럼에도 1951년 한일회담이 정식으로 시작되기도 전부터 한국 정부는 문화재 반환에 대한 의욕을 갖고 있었고, 1965년 6월 18일 마지막 협상이 이뤄질 때까지 지난한 세월을 견딘 끝에 1958년과 1966년, 2회에 걸친 문화재 반환을 성공시켰다. 이것은 일본 정부로부터 최초로 반환받은 문화재들이다. 이런 점에서 본다면 한일회담 문화재 반환 협상은 일정 부분 성공적이었다고 하겠다.

한일회담 문화재 반환 협상에 대해 구체적으로 알려진 것은 비교적 최근의 일이다. 2005년과 2008년, 한국과 일본의 외교 사료가 공개되기 전까지는 연구를 진행할 자료가 매우 부족했고, 이로 인해 한국과 일본의 사정만을 놓고 협상을 다뤄온 까닭에 양측의 내부 상황을 가늠하기 어려웠다. 그런데 한·일 양국의 사료가 공개되면서 회담이 어떠한 과정에서 어떠한 방향으로 진행됐는지 파악할 수 있게 되어 한국 정부의 초기 외교 실력의 공과(功過)를 동시에 볼 수 있게 됐다.

둘째, 이 협상 사례 연구를 통해 앞으로 있을 북한과 일본과의 문화재 반환 협상에 대해 가늠할 수 있다는 면에서도 의의가 있다. 한일회담에서 한국 정부가 일본 측에 민감하게 반응한 것은 한반도 내의 유일한 합법 정부로서의 위치 인정 여부였다. 한일회담에서 이 문제가 협상의 쟁점으로 촉발된 계기는 크게 두 가지였는데, 그중 하나가 1958년 9월, 김일성 위원장이 내세운 '재일조선인 북송사업'을 일본이 승낙한 것이고, 다른 하나는 일본이 문화재 반환 협상의 대상을 한반도 이남의 것으로만 제한한 것이다. 즉, 한일회담에서의 모든 협상 대상은 한반도 이남과 관련된 것만 취급한다는 것이다. 이에 한국 정부는 강력히 항의하며 "샌프란시스코강화조약에 의거해 한반도의 유일한 합법 정부는 한국임"을 강조하고, 북한에서 출토되어 일본으로 반출된 문화재 역시 협상의 대상으로 삼을 것을 요구했으나 일본 정부는 불응했다. 결국 한국 정부는 한반도 이남에서 출토된 문화재에 한해서만 협상을 진행했고, 일본 정부는 북한과의 문화재 반환 협상을 금후의 과제로 남겼다.

따라서 이러한 과정을 겪은 한일회담 문화재 반환 협상은 앞으로 진행될 북한과 일본과의 협상을 예측할 수 있는 사례가 될 수 있으며, 한국 외교부가 그에 대응하기 위한 기초자료로서도 중요한 위치를 차지한다. 특히 북한에서는 일본과의 문화재 반환 협상에 관심을 갖고 있는 것으로 보인다. 예를 들어 2002년 9월 17일 '조일평양선언'에서 북한은 재일조선인의 지위에 관한 문제 및 문화재 문제에 대해 국교정상화 교섭에서 성실한 협의를 천명했다. 이는 1962년 12월 13일 조선민주주의인민공화국 정부의 성명으로도 이미 밝힌 바 있는데, 당시 한일회담에서 한국만을 대상으로 협상하는 일본 정부에 대해 비판하며, 과거 식민지 지배와 관련한 문제는 3자가(한·조·일) 함께 협의해야 한다고 주장했다. 이와 같은 역사적 사실을 고려할 때, 북한과 일본의 문화재 반환 협상은 반드시 일어날 가까운 미래의 과제이므로 한·일 문화재 반환 협상 사례 연구는 이를 전망하는 데 가장 중요한 자료가 될 것이다.

2. 한·일 관계로 본 협상의 의미

한일회담 문화재 반환 협상 사례 연구는 과거의 역사를 되돌아보는 것만이 아닌 현재의 한·일 관계를 분석하고, 지금도 진행 중인 문화재 반환 문제를 둘러싼 양국의 갈등을 해결하는 실마리가 될 것이다. 이것이 한·일 간 현안에 대한 의의라 하겠다. 그 이유는 다음과 같다.

첫째, 한일회담 문화재 반환 협상은 한·일 간 역사 인식이 함축된 교섭이었기 때문이다. 이는 일본의 조선 식민지 지배에 대한 정당성과 직결된 사안으로서 문화재의 '반환'이라는 용어 사용과 '식민지 지배의 부당성'이 짝을 이루어 진행되었다. 한국이 일본의 식민지 지배를 부당하게 규정하고 한반도에서 유출된 문화재의 일체를 불법 유출물로 간주해 반환을 요구한 반면, 일본은 한일회담을 진행하면서 문화재 반환 협상에서뿐 아니라 모든 협상의 기저에서 식민지 지배의 정당성을 주장했다. 회담 기간 중 '반환'인가 '인도'인가 하는 용어 선택의 문제로 양측이 첨예하게 대립한 것은 이러한 이유에서이다. 따라서 문화재 반환 협상은 한·일 양국의 과거 식민지 지배에 대한 역사 인식의 상징성을 갖는다 하겠다.

둘째, 일본 정부는 한일협정으로 문화재 반환 협상 역시 '완전하고 최종적으로' 해결됐다고 주장하지만, 한국 정부는 일본과 조인한 「합의의사록」으로 보다 적극적인 협상을 재추진할 수 있다. 이 「합의의사록」은 1965년 6월 18일 도쿄에서 진행된 마지막 협상에서 한국 측의 강력한 요구로 작성된 것이다. 그 내용은 일본 내 민간인들이 소유한 한반도 출토 문화재의 '자발적인 기증'을 일본 정부가 권장한다는 것인데, 일본 정부는 현재까지 이에 대한 성실한 이행

의무를 다하고 있지 않다. 따라서 한국 정부는 이 조인 문안에 기반해 일본 측과 협상을 지속할 수 있다.

셋째, 이 협상 사례 연구는 현재 한·일 간 냉각된 양국 국민 정서를 회복할 수 있는 기회가 될 것이다. 최근 한일 간 문화재 반환 문제로 양국 사회는 상호 불신이 매우 심각한 수준이다. 예를 들어 2012년 한국인들에 의해 발생한 쓰시마 불상 절도사건의 경우, 범인은 체포된 후 그 형량을 채우고 출소했지만 쓰시마에서 훔쳐온 불상 2기 중 1기는 아직 한국에 보관 중이다. 그것은 이 불상 중 하나인 서산 부석사의 금동관세음보살좌상이 과거 임진왜란 당시 약탈된 불상이라는 주장이 나와 일본으로의 반환이 저지됐기 때문이다.

이 사건은 문화재를 둘러싼 양국의 입장을 잘 드러내기도 했다. 예를 들어 일본이 불상을 돌려주지 않는 한국에 불만을 표시하자, 한국 사회에서는 현재 일본에 소장된 8만여 건, 나아가 개인이 소유한 더 많은 문화재가 돌아오지 못한 상황에서 일본의 불만을 수용할 수 없다는 목소리가 주를 이뤘다. 이는 일본에서 말하는 '최종적이고 완전하게' 해결된 문화재 반환 협상이 한국에서는 전혀 수용되지 못함을 드러낸 좋은 사례이다.

이후 양국의 국민 감정은 격앙되었는데, 한국보다 일본이 더욱 그러했다. 실제 2018년 '제6회 한·일 국민 상호인식 조사'에 따르면(《그림 1》 참조), 한국인 중 28.3%만이 일본에 대해 좋은 인상을 갖고 있는 것으로 나타났다. 이것은 2017년도에 비해 1.5% 높아진 결과이다. 한편 일본인 응답자 중 22.9%만이 한국에 대해 좋은 인상을 갖고 있었는데, 이는 2017년에 비해 4% 낮아진 수치이다.

또한 일본에 대한 한국의 호감도는 점점 높아지는 반면, 일본은 한국에 대한 좋은 인상도 좋지 않은 인상도 떨어지고 있는 상황이다. 〈그림 2〉에서는 이러한 상호 호감도 저하 현상의 첫 번째 원인으로 역사 문제를 들고 있다. 그만큼 역사 문제를 둘러싼 양국의 갈등은 현재성을 갖고 있다는 의미다. 한일회담 문화재 반환 협상 사례는 양국의 역사 문제를 가장 잘 드러낸 사안이므로, 이에 대한 연구는 단순한 과거의 외교사 정리의 범위를 넘어서, 현재 진행형인 한·일 간의 관계를 점검하고 양국의 관계 발전·개선에 도움이 될 수 있다고 평가된다.

〈그림 1〉 한 · 일 국민의 상대국에 대한 인상[1]

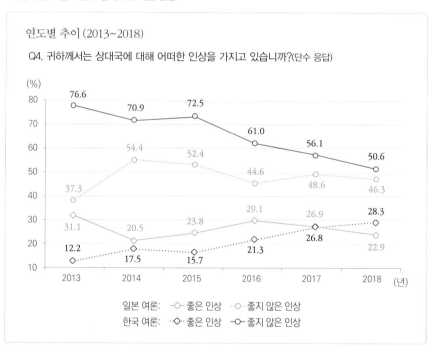

1 〈그림 1〉, 〈그림 2〉의 출처는 '2018년 제6회 한·일 국민 상호인식조사', 특정비영리활동법인 언론NPO · 동아시아연구원.

최근 세부 경향 (2017~2018)

Q4. 귀하께서는 상대국에 대해 어떠한 인상을 가지고 있습니까?(단수 응답)

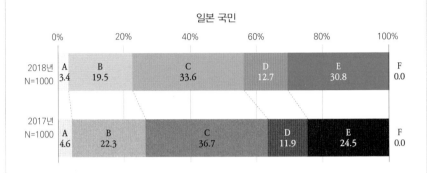

일본 국민

	2018년 N=1000	2017년 N=1000

한국 국민

	2018년 N=1014	2017년 N=1003

상대국에 대한 인상	일본 국민		한국 국민	
	2018년	2017년	2018년	2017년
A 좋은 인상을 가지고 있다	3.4%	4.6%	5.7%	5.1%
B 대체로 좋은 인상을 가지고 있다	19.5%	22.3%	22.6%	21.7%
C 대체로 좋지 않은 인상을 가지고 있다	33.6%	36.7%	28.2%	29.1%
D 좋지 않은 인상을 가지고 있다	12.7%	11.9%	22.4%	27.0%
E 어느 쪽도 아니다	30.8%	24.5%	21.1%	17.0%
F 무응답	0.0%	0.0%	0.0%	0.0%

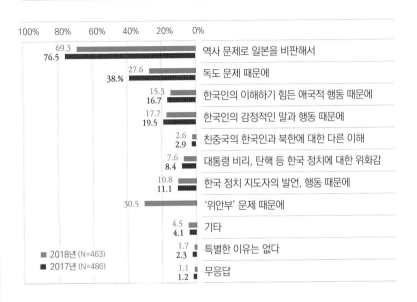

Q4-b. (Q4에서 좋지 않은 인상을 가지고 있다고 응답한 사람만) 상대국에 좋지 않은 인상을 가지게 된 이유는 무엇입니까?(2개까지 응답)

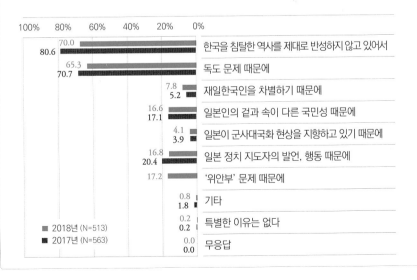

1) 문화재 반환 협상 관계 부처의 복잡성

이 협상은 문화재를 대상으로 한 교섭이었기 때문에 다른 현안보다 전문적 지식과 부처 간 조율이 매우 필요했다.

예를 들어 한국의 경우, 문화재와 관련된 협상이므로 외무부가 담당하는 데 많은 한계가 있었다. 일단 문화재를 구분하는 전문성도 떨어질 뿐 아니라, 자료의 부족으로 협상을 진행할 때 일본의 책임을 증명할 방법이 매우 적었다. 결국 이 협상은 미술품이나 고서적을 연구하는 학자들의 도움을 빌려 진행하게 됐는데, 해방 직후인 시기적 난점도 있어 이 역시 여의치 않았다.

일본 역시 상황은 마찬가지였다. 한일회담 협상은 외무성이 관장하지만, 문화재를 관리하고 감독하는 것은 문부성이었다. 또한 반환이라는 문제가 떠올랐을 때에는 문화재가 일본의 재산이었기 때문에 대장성의 협조를 얻을 수밖에 없는 구조였다. 특히 1958년 10월, 한일회담의 중간 결과물로 제시된 106점의 문화재 반환은 일본 국내법 개정까지 관계된 절차로 대장성의 역할이 크게 작용하게 됐는데, 이 과정에서 외무성과 문부성, 그리고 대장성 간의 의견 충돌이 곳곳에서 확인됐다. 특히 대장성과 더불어 일본의 문화재 관리를 담당한 문부성 내 외곽기관인 '문화재보호위원회' 역시 외무성과 잦은 갈등을 빚었다. 이 위원회의 소속 위원들은 식민지 조선의 문화재를 발굴하고 만주 지역에서 유적과 고미술과 공예품들의 확보를 위해 직접 일하거나 혹은 자금을 지원한 인물들이 다수 포진돼 있었기 때문에 문화재 반환을 적극 반대하는 일도 발생했다.

이와 같이 문화재 반환을 둘러싼 관계 부처의 복잡성으로 협상은 다발적인 변수의 발생과 의견 조율의 문제로 다른 사안보다 어려운 국면을 맞았다.

2) 한일회담 내 협상 중요도로 본 특수성

한·일 간의 문화재 반환 문제는 식민지 지배에 대한 정당성 여부와 결부된 중요한 사안이었다. 최근에도 한·일 간 역사 분쟁이 일어날 때마다 그 원인이 되는 한국 사회의 문화재 반환 요구는 이러한 배경이 있기 때문이다.

그러나 정작 한일회담 당시 문화재 반환 문제는 다른 협상 사안보다 중요하게 취급되지는 않아 회담 진행의 결과에 따라 그 방향이 바뀌기도 했다. 물론 문화재 반환 협상이 이뤄진 총 기간만을 보면 다른 사안보다도 매우 길다. 1952년 1월, 한일회담이 정식으로 개최되기도 전부터 한국 정부의 반환 요구가 시작됐고 1965년 6월 18일 마지막 협상에 이르기까지 약 14년에 걸쳐 진행됐다. 그럼에도 불구하고 한·일 간의 기본 관계, 청구권, 재일조선인의 법적 지위 문제, 선박과 어업 관련 협상과 비교하면, 문화재 반환 협상은 제대로 된 협상 구성원조차 쉽게 조직할 수 없을 정도로 열악한 상황이었다. 더욱이 박정희 정권의 등장으로 정치적 타결이 이뤄진 다음에는 협상보다는 정리하는 작업에 치중했기 때문에 심도 있고 전문적인 대화가 이뤄지지 못한 채 서둘러 마무리하게 됐다. 그 결과 아직도 한·일 간 문화재 반환을 둘러싼 갈등이 지속되고 있다.

3) 한·일 관계의 기원이 된 협상

이 협상은 해방 이후 한·일 관계의 구축 기반을 알 수 있는 중요한 사례이다. 1965년 6월 22일 한일협정이 체결됨에 따라 '대한민국과 일본국 간의 문화재 및 문화협력에 관한 협정'이 조인됐고, 이것이 협상의 기반이 됐다. 최근에도 문화재 반환을 요구하는 한국 사회를 향해 일본 정부는 '대한민국과 일본국 간의 문화재 및 문화협력에 관한 협정'을 내세워 모든 협상은 '완전'하고 '최종적'으로 해결됐다고 주장한다. 그렇다면 이 협정이야말로 한일 관계의 기원이라 할 수 있고, 당연히 양국이 안고 있는 문화재 반환과 관련된 모든 사안의 출발점이라 할 수 있다.

또한 이 협상은 한·일 간 역사 인식의 차이를 그대로 드러낸 장이며, 각국이 처한 당시의 상황을 알 수 있는 사례이기도 하다. 2008년까지는 자료의 부족으로 한·일 문화재 반환 협상 당시의 상황을 정확하게 파악하기가 어려웠다. 문화재라는 특수한 소재를 다룬 협상이었기 때문에 다른 협상보다 관련된 인물도 적고 협상에 필요한 자료 역시 미비한 상황이었다. 더욱이 한국은 한국전쟁을 수행하면서 협상에 임했기 때문에 준비하는 과정에서도 어려움이 많았다.

이 협상에서는 이러한 시대 상황이 그대로 표출됐다. 특히 식민지 지배에 대한 양국의 사회적 분위기, 그리고 국민의 인식이 어떠한지 그대로 드러났고, 나아가 양국의 상황에 따라 협상의 방향 역시 많은 변화를 보였다. 예를 들어 한국은 문화재 반환 협상이 시작되자마자 '정치적인' 해결 방안을 제시했는데, 이는 이 협상을 해결하는 법리적 다툼이 쉽지 않음을 인식하고 있었다고 판단했기 때문이었다. 일본 역시 이와 같은 실정은 유사한데, 다만 한국 측과 다른 것은 끝까지 법리적으로 자신들이 문화재 반환 의무가 없음을 주장했다는 것이다. 이러한 양국의 입장 차는 여전히 남아 있고 양국의 의견 조율은 어려운 상황이다.

　이와 같이 한일회담 문화재 반환 협상은 양국의 당시 상황을 생생하게 전달해줄 수 있는 단초이다. 이런 점에 유의하면서 먼저 이 협상이 진행될 수 있었던 배경에 대해 살펴보고자 한다.

II. 한일회담 문화재 반환 협상의 배경

1. 문화재 반환 협상의 배경과 진행 과정

1) 한일회담 이전의 문화재 반환 요구

한일회담 문화재 반환 협상 이전에도 일본 측에 문화재 반환 요구를 한 단체가 있었다. 바로 진단학회이다. 진단학회는 1934년 발족했는데, 주로 역사학이나 고고학 연구자들이 모인 단체였다. 그들 대부분은 일본에서 공부를 하거나 혹은 조선에서 총독부의 근대적 교육을 받은 인물들이었는데, 1942년 조선총독부의 탄압이 강화되자 임시로 활동을 중단했다가, 해방을 맞이하자마자 일본에서 약탈한 도서들의 반환 요구를 시작했다.[2]

진단학회는 1945년 10월, 일본 정부에 약탈된 도서의 반환을 요구하고, 그 결의안을 더글러스 맥아더(Douglas MacArthur)에게 제출했다. 그리고 같은 해 12월, 미군정청에 일본이 약탈해 간 도서와 보물 목록(서적 212종, 미술품·골동품 837종)을 제출했다.[3]

---

2 「속간사(續刊辭) 一九四五年一一月」(1947. 5), 『진단학보』 제15호, 진단학회, 裏表紙.
3 〈표 1〉은 해방 공간 및 한국 사회에서의 문화재 반환에 대한 관심도를 알아보기 위해 신문지상의 기사 건수를 알아본 것이다. 『동아일보』와 『조선일보』만을 측정한 이유는 두 신문이 식

〈표 1〉 해방 직후 문화재 반환을 요구한 대표적 기사 (1945. 8. 15 ~ 1950. 9. 30)

시기	신문사	기사 제목
1945	조선일보 11. 26	對日 통상반대. 약탈한 것은 반환. 조선문제 조사 회장 강조
	동아일보 12. 27	왜토(倭土)에서 도광기년(韜光幾年) 환국령(還國令) 바든 근익문화(槿域文化) 임란 이후 일인이 탈거한 불상, 서화 기타 보물, 맥 원수가 추심해 가라고 군정청에 명령
1946	조선일보 8. 15	舊(구)한국 국쇄 8개. 오늘 조선에 정식반환
	조선일보 8. 20	옥쇄 반환 감사 맥아더원수에게. 우국노인회 발전
1947	동아일보 4. 10	八萬大藏經盜難秘話(팔만대장경도난비화)
1948	조선일보 3. 27	일본 약탈 재산 반환. 마장관 맥원수에 지령
	동아일보 6. 11	日本이 약취(略取)한 문화재를 반환
1949	동아일보 3. 19	일본에 빼아긴 國寶 맥司令官 承認으로 찾게 된다
	조선일보 3. 19	在日 한국국보 등 맥 사령관이 반환승인
	조선일보 5. 17	강탈품의 반환은 관철 林장관.對日 배상 금지에 언급
	동아일보 7. 22	賠償(배상)아니다 返還(반환)하라
1950	0건	
1951	0건	

진단학회가 이러한 활동을 하게 된 계기는 미군정청이 남한에 설치된 후, 교육에 관련된 업무를 진단학회에 위탁했기 때문이다. 진단학회에서 미군정청에 도서와 보물들의 반환을 요구한 지 2개월 정도가 지나 맥아더 사령부에서는 반환할 목록에 대한 조사보고서를 제출하라는 연락을 해왔다. 이에 진단학회는 제1차 조사보고서를 제출하여 일본으로 반출된 문화재들의 반환을 요구했다.

민지기에 간행돼 연속성을 갖고 있고, 발행 부수 면에서도 가장 큰 영향력이 있기 때문이다.

한편 해방 이후 일본에 대한 문화재 반환 요구는 꾸준히 이어졌다.(〈표 1〉 신문기사 참조) 이러한 노력으로 1951년 10월 '구 왕실재산목록에 관한 조사'를 단행하게 했고, 같은 해 10월 24일 구 왕실재산관리위원회의 위원장은 외무부장관에게 일본이 침략했을 때 구 왕실의 재산을 약탈했다는 보고서를 냈다.[4] 그러나 이것은 본격적인 문화재 반환 요구가 아니었기 때문에 특별한 성과가 있었던 것은 아니었다. 다만 한일회담을 염두에 둔 사전 조사의 성격임을 생각할 때, 조사 작업 자체는 매우 유의미한 것이라고 평가된다.

2) 한국 정부의 문화재 반환 협상 목적과 그 이유

대한제국 시기부터 일본인들의 유물 조사를 명목으로 한 고분 발굴은 조선인에게 익숙한 것이었다. 식민지기 이후 공식·비공식적으로 조선의 고서적이 일본에 반출된 사실은 조선총독부 관계 문서에서도 쉽게 볼 수 있다.

그런데 한일회담을 준비하는 한국 정부로서 가장 관심이 있는 사안은 이러한 문화재 반환보다 1951년에 체결된 샌프란시스코강화조약 이후, 일본에 남겨진 조선인들의 재산권을 지키는 데 있었다. 한국 정부는 그 선결 조건으로 '재일조선인의 법적 지위'의 확보를 상정했고, 이 문제는 대한민국을 한반도의 유일한 합법정부로 인정하도록 하는 일과 직결된다고 여겼다. 이러한 목적으로 1951년 10월 15일, 한국 정부는 법조계의 인물인 유진오를 투입하여 '재일조선인의 법적 지위'와 '일본에 남겨진 조선인의 재산권'에 관한 조사에 적극적으로 나섰다.(부록 〈자료 1〉 참조)[5]

4　국민대학교 일본학연구소(2008. 5), 『한일회담 외교문서 해제집』 I, 동북아역사재단, 60쪽.

당시 한국 정부는 샌프란시스코강화조약의 조인 대상국이 되는 데 어려움이 있을 것이라고 인지했다. 그리고 당시 일본 사회에 불만으로 대두된 한국 내 일본인 재산 몰수 문제가 각종 시민운동으로 확대되자 무엇보다 재일조선인의 법적 지위를 확보하는 일이 중요하다고 판단했다. 부록 〈자료 1〉에서도 보듯, 한국 정부는 다른 협상 안건보다 재일조선인에 관련된 문제를 우선적으로 타결한다는 방향을 세우고 있었다. 이는 일본에서 재일조선인을 한국 국민으로 인정하지 않으려는 움직임이 있었고, 그것은 한국을 합법정부로 보지 않기 때문이라는 우려가 있었기 때문이다. 이 보고서에는 재일타이완인을 예로 들어 이들이 중국 국적으로 바뀐 것처럼 재일조선인들도 한국 국적으로 바꿔야 한다고 주장하며, 이러한 한국 측의 주장을 관철하기 위해서 '일본의 포츠담선언 수락과 열국의 승인' 등을 증거로 이용해야 한다고 적고 있다.[6]

이러한 상황에서 일본에 현물로 존재하는 문화재들의 반환은 자연스럽게 대일청구 대상으로 떠올랐고, 일본의 재일조선인들이 본격적으로 조사를 했으며, 이 자료들은 한일회담 때 이용되기도 했다.

---

5 한국 외교문서 723.1JA 법 1951, 0275~0280: 「재일동포의 법적 지위에 관한 건」(1951. 7. 3).
6 이 보고서에는 '일한합병조약'이 1945년 9월 2일부로 무효가 됐다는 메모가 적혀 있다.

2. 문화재 반환 협상과 한국 사회

1) 정부의 사전 작업

한일회담이 정식으로 개최되기 전인 1950년, 한국 측은 장래 대일배상청구를 위한 위원회를 조직하고, 법적 근거를 검토했다. 주일대표부는 정무과 소속의 모든 직원과 "재동포사회(재일동포사회—이하 인용자 주)"에서 대표 권위자 4명으로 구성한 "대일강화에 대처하는 준비조사위원회(가칭, 자료 그대로. 이하 준비조사위원회)"를 조직했다. 그리고 이 조직에서 조사한 결과를 소책자로 만들어 한국에 보내 앞으로 있을 일본과의 대일청구권 협상을 준비하게 했다. 그 중 청구할 목록은 「대일배상요구 일람표」에 나와 있다(부록 〈자료 2〉 참조).[7]

상기 소책자에는 목록 표와 더불어 대일배상을 위한 법적 근거를 제시하고 있다. 첫째, 한일합방은 무효이지만, 국제질서의 유지 또는 무권 대리 행위의 추인으로 무효를 주장하지 않을 부분도 있고 이에 따른 절충론도 존재한다는 것이다. 둘째, 대일강화조약 체결 시의 한국은 조인 당사국이 되기 어려울 수 있다는 우려가 적혀 있는데, 이는 앞서 말한 무권 대리를 염두에 둔 전망으로 보인다. 셋째, 재일재산권에서 한국의 지위는 패전국도 연합국도 아닌 중립국의 지위와 같으며, 넷째, 재산권 문제는 이러한 특수국 지위에 따라 처리되어야 한다는 것이다. 요컨대 한국 측은 한일회담에서 한국이 불리한 위치에 있을 수 있다는 전망을 배제하지 않고 있었다.

1951년 9월, 한국 정부는 대한민국헌법 제정에 공헌이 있었던 법률가 유진

---

7 한국 외교문서 723.1JA, 자 1950, 0009~0058: 「대일강화조약에 관한 기본태도와 그 법적 근거」(1950. 10).

오 박사를 일본에 파견해 협상에 앞서 보고서를 제출하게 했다.[8] 보고서 내용 중 문화재 반환 협상과 관련해서 정리하면, 당시 미국 및 "극동이사회(극동위원회—인용자 주)[9]의 대일방침, 즉 제2차 세계대전 중 일본이 취한 모든 약탈재산을 즉시 반환하라는 규정이 식민지 지배 아래에 있었던 한국에 적용될 수 없을 것을 우려하지만,[10] 그는 한·일 간의 문제를 꼭 이 규정에 맞출 필요도 없고, 오히려 청일전쟁까지 소급해야 할 것"이라고 보았다. 그러나 약탈재산의 반환을 청일전쟁 이전까지 거슬러 올라 생각하는 것은 무리가 있다고 판단했다.

유진오 박사의 출장이 종료된 후 1951년 10월, 한국은 '구 왕실재산목록에 관한 조사'를 실시하고 같은 달 24일, 구 왕실재산관리위원회의 위원장은 외무부장관에게 일본이 침략했을 때 구 왕실의 재산을 약탈했다는 보고서를 제출했다. 다만 이 보고서가 본격적으로 활용된 것은 한일회담 이후의 일이다.

1952년 1월 9일, 제1차 한일회담을 목전에 두고 일본의 치바 히로시(千葉晧) 참사관이 한국의 김용식 공사를 방문했는데, 이때 김용식 공사는 치바 참사관에게 '일본과 한국 간의 분위기를 좋게 하기 위한' 방법으로 문화재의 반

---

8 한국 외교문서 723.1JA 본 1951, 0085~0110: 「일본출장보고서」(1951. 9. 10).

9 극동위원회란 패전한 일본을 관리하기 위해 연합국이 설치한 정책기관을 말한다.

10 유진오의 보고서에서 극동위원회의 '대일정책'에 관한 국제법적 근거는 제시되어 있지 않다. 다만, 한일회담 문서 중 '대일강화조약에 관한 기본태도와 그 법적 근거'를 정리한 자료집에 따르면, 1945년 9월 22일자 '항복 후 미국 초기의 대일 방침'에 따라 "약탈한 재산은 약탈품인 것이 판명되는 한, 그 일절을 완전히 그리고 즉시 반환해야 한다"고 되어 있다. 이 문서는 1945년 9월 6일, 트루먼 미국 대통령이 승인한 것이다. 이 문서는 1945년 9월 22일, SCAPIN 제39호, 「연합국과 우호관계에 있는 제국 및 그 국민의 재산 보호에 관한 각서」를 정리하고 있다. 유진오의 '대일정책'의 기본 인식은 이 내용에 의거한 것으로 보인다. 한국 외교문서 723.1JA, 자 1950, 0009~0058: 「대일강화조약에 관한 기본태도와 그 법적 근거」(1950. 10).

기관(시기)	내용
주일대표부 (1950)	대일강화에 대처하는 준비조사위원회 발족, 대일청구권 협상을 위한 목록표 작성

유진오 박사 일본 출장
(1951. 9. 20)
	- 대일강화조약에 한국은 조약국으로 구성원이 되지 못할 수
	  있다고 우려. 꼭 이 규정에 따를 필요 없다고 주장
	- 약탈재산의 반환 시기는 청일전쟁 이후부터 소급할 수 있다고
	  판단

구 왕실재산관리위원회 (1951. 10. 24)	외무장관에게 '구 왕실재산 목록에 관한 조사' 보고서 제출
김용식 공사 (1952. 1. 9)	치바 히로시 참사관에게 한·일 간 분위기 고조를 위해 문화재 반환을 제시

환을 요구했다.[11] 김용식 공사는 치바 참사관에게 "한국에 대한 우호적 제스
처로서 금전적 가치에 비교할 수 없는 큰 효과가 있을 것"이라고 제안하며, 이
것이 "일본으로서 커다란 희생을 치르지 않고도 선처할 수 있는 것으로 생각
되니 고려해주길 바란다"고 했다. 이러한 한국 측의 요구에 일본 측은 당초 이
문제를 어렵게 생각하지 않았고, 한국 측의 문화재 반환 요구에 대해 강한 인
상을 받지 않았다.

그러나 위에서도 보았듯이, 한국 정부는 1948년 정부 수립을 위한 작업으
로 일본에 대한 청구권 요구 문제를 생각하고 있었고, 1950년부터 실질적인
조사위원회를 운영했으며, 그 결과 1952년 김용식 공사를 통해 문화재 반환
을 요구하는 등 협상에 만전을 기하고자 했다. 물론 "일본으로서 커다란 희생
을 치르지 않을" 정도의 문화재를 원했다고는 볼 수 없지만, 김용식 공사는 일

---

11 일본 외교문서 396: 「(極秘)金公使との会談要旨」(1952. 1. 9).

본 측에 문화재 반환 요구에 대해 너무 무겁게 생각하지 않도록 이야기를 꺼내 일본 측이 부담을 갖지 않도록 분위기를 만든 것으로 보인다.

다만, 한 가지 주의해야 할 것은 이 내용이 일본 외무성 자료에만 존재한다는 것이다. 다시 말해 한일회담 관련 한국 외교 사료에는 들어 있지 않은 내용이다. 실제 한일회담이 열린 후 일본은 협상 자리에서 한국 측의 문화재 반환 요구에 매우 당황한 모습을 보인다. 가볍게 제안한 것이라고 생각한 한국 정부가 일본에 소장된 문화재들을 모두 불법 유출된 것으로 규정하고 이에 대한 전체 반환을 요구했기 때문이다. 이렇게 출발한 한·일 간 문화재 반환 협상은 한일회담이 종료되는 1965년까지 지난한 싸움을 하게 된다.

2) 문화재 반환 협상에 대한 한국사회의 관심

문화재 반환 문제에 대한 한국 사회의 인식은 시계열적으로 다르게 나타나고 있다. 이 책에서는 한일회담이 개최된 1950년대 초부터 회담이 끝난 1965년까지를 대상으로 한일회담에 대한 한국사회의 이해와 관심이 어떠했는가를 정리했다.

한국 사회에서 문화재 반환 협상에 가장 큰 관심을 끈 것은 1958년이다. 이 시기는 한일회담이 개최된 초기부터 일본 측 수석대표인 구보타 간이치로(久保田貫一郎)가 '식민지 옹호론'을 내놓아 회담이 결렬된 후, 이를 만회하기 위해 일본 측에서 106점의 문화재를 최초로 반환한 때였다.

한일회담 문화재 반환 협상이 있다는 것은 이미 신문 보도를 통해 알려졌지만, 한국 사회에서 그리 큰 관심을 끈 것은 아니었다. 예를 들어 1955년 12월 22일 『동아일보』를 통해 1954년 5월 14일에 유네스코가 주도한 '무력충돌 시 문화재보호를 위한 협약(Convention for the Protection of Cultural Property in the Event of Armed Conflict)'을 기반으로 하여, 인류문화의 보편적 관점에서도 일본에 소장된 문화재를 반환해야 한다는 보도가 나왔지만, 문화재 보호에 대한 의식이 아직 저조했던 한국 사회에서 이에 대한 여론은 기사 몇 개에 불과한 수준이었다.

그에 비해 문화재 도굴 사건은 빈번하게 일어났다. 대표적인 기사만 조사해도 도굴과 관련된 것이 1958년 한 해에 약 32건에 달한다. 1952년부터 1957년까지의 한일회담 문화재 반환 협상과 관련된 기사가 불과 8회에 그친 것과 비교하면 당시 한국사회에서 문화재가 차지하는 중요도가 어느 정도 떨어져 있었는지를 알 수 있다.

실제 〈기사 목록〉을 보면, 1958년 일본이 처음으로 106점의 문화재를 한국에 반환했을 때의 반응은 매우 뜨거운 것을 알 수 있으나 그 이전까지는 거의 기사화된 것이 없을 정도이다.[12]

1958년도 기사들은 대부분 일본이 문화재를 반환한다고 결정했다는 것과 이행에 뜸을 들이고 있다는 것, 그리고 국회에서 일본 정부의 판단을 매우 비판했다는 내용들이다.

1965년 한일협정 체결 당시 1,300여 점의 문화재가 반환된다는 기사가 주목을 받지만, 겨우 6건에 지나지 않는다. 이는 앞서 1958년의 48건보다도 적은 수이다. 1962년까지 한국 내 문화재를 보호하는 제도조차 마련되지 않은 상황을 고려한다면, 일반인들의 문화재 반환에 대한 관심을 끌 여건이 마련되어 있지 않음을 알 수 있다.

12 이 자료는 네이버 뉴스라이브러리에서 검색한 자료로서, '문화재' 또는 '문화재 반환'이라는 용어를 입력해 문화재 반환 협상을 주로 다룬 기사만 추린 결과이다.

Ⅲ. 한일회담 문화재 반환 협상의 실태

1. 문화재 반환 협상의 전개 과정

한일회담은 1952년부터 1965년까지 약 14년에 걸쳐 진행됐다. 문화재 반환을 둘러싼 협상 역시 이 기간 내내 이뤄졌는데, 이 장에서는 회담의 차수별 내용과 시기별 특징을 나누어 설명하고자 한다.

1) 제1차 한일회담(1952. 2. 15~4. 25)

한일회담 초기, 문화재 반환 협상은 단독으로 진행되지 않고 청구권 회의의 소주제로 다뤄졌다. 한일회담 협상 가운데 초기부터 대두된 주제였지만, 다른 협상 과제들의 상황에 따라 그 진행이 영향을 받았고, 앞서 언급한 것처럼 그 중요도 역시 높지 않았다.[13]

한일회담에서 문화재 반환에 대한 협상이 이뤄진 것은 '재산 및 청구권 문화위원회' 제1차 회의에서 '한·일 간 재산청구권 협정 요강'이 제출되면서부터이다. 이때 한국 측은 8개의 청구 요강 중 제1항으로 문화재류에 대한 반환

---

13 이러한 상황은 일본도 마찬가지였는데, 제2차 한일회담 부분을 보면 일본이 어업협상의 결과에 따라 문화재 반환 협상의 방향을 전환하고자 했음을 확인할 수 있다.

을 요구했다(부록 〈자료 4〉 참조).[14] 이는 "한국(韓國)으로부터 가져온 고서적(古書籍), 미술품(美術品), 골동품(骨董品) 기타(其他) 국보(國寶) 지도원판(地圖原版) 및 지금(地金)과 지은(地銀)"을 반환하라는 내용이었다. 이 문화재류 선정의 기준은 1949년 한국 정부가 조사한 청구서 내용, 즉 "제1부 현물반환요구 등, 제2부 확정채권요구 등, 제3부 중일전쟁 및 태평양전쟁에 기인한 인적·물적 피해 요구 등, 제4부 일본 정부의 저가수탈에 의한 손해 등"에서 작성한 것이 기반이 돼 만들어진 것이었다.

같은 해 2월 23일, 한국 측은 제2차 청구권위원회에서 일본을 향해 한국에서 일본으로 반출된 문화재를 "부자연한, 즉 탈취 혹은 한국의 의사에 반하여 가져간 것"으로 규정했다(부록 〈자료 5〉 참조). 이때부터 한국 측은 일본에 유출된 문화재를 '불법적인 것'이라고 보는 태도를 취했고, 일본에 반출된 모든 문화재를 '반환'의 대상으로 삼았다.[15] 일본 측은 한국이 일본과의 전쟁 대상국이 아님을 주장하면서 한국 측도 불법의 증거 자료를 제출하라는 요구를 했다. 한국 측 협상자인 홍진기는 문화재 반환 협상을 "정치적으로 절충"하고 싶다는 의견을 냈지만, 일본 측이 이에 동의하지 않고 문화재 목록 제출도 거부하자, 한국 측에서 자료를 마련하겠다고 제안하며, 일본이 한·일 양국의 친선을 생각해서 반환 대상도 정하지 않았음을 피력했다. 이는 반환 대상의 범위가 식민지 시기에 반출된 것만이 아닌, 과거 한반도에서 일본으로 반출된 모든 문화재

14　한국 외교문서 723.1JA 청1952 1-8차, 0281~0285: 「제2회 재산 내지 청구권분과위원회 경과 보고」(1952. 2. 20).

15　한국 외교문서 723.1JA 청1952 1-8차, 0293~0310: 「제2차 재산 및 청구권분과위원회 경과보고」(1952. 2. 23).

들을 포함한다는 의미였다. 한국 측은 이 문화재들을 일본 측이 반환함으로써 한·일 친선 확립에 대한 일본 측 성의를 확인할 수 있다고 주장했다(부록 〈자료 6〉 참조). 그리고 홍진기는 다시 한번 일본 측에 문화재 반환 의사가 있는지 여부를 물었다. 일본 측은 반환 대상으로 볼 문화재들의 반출 시기를 어떻게 상정해야 할지 어렵고, 반환 대상 역시 너무 추상적이라는 의견을 냈다. 이에 홍진기는 이 문제만큼은 한국이 일본의 전쟁 대상국이었는지 아닌지의 여부 등을 따지지 말고 정치적으로 생각하자고 설득했다.(부록 〈자료 7〉 참조).

이와 같은 진행방식을 보면, 한국 측은 문화재 반환 문제를 되도록 정치적으로 타결하려 했음을 알 수 있다. 이것은 앞서 일본이 주장한대로 한국 측이 일본의 전쟁 대상국이 아님을 염두에 둔 것으로 판단된다. 다만, 식민지기를 넘어서 과거 한반도에서 반출한 문화재 전부를 반환 대상으로 삼은 것은 앞서 유진오 박사가 보고서를 낸 것과는 상이한 방향이다. 이러한 방향 전환이 어떻게 이뤄졌는지는 아직 확인된 자료가 없다.

한편 일본 측은 정치적으로 타결하자는 한국 측의 주장에 그보다는 '법리적 판단'에 기반한 대화를 요구했고, 국제법에 따라 처리할 것을 주장했다. 일본은 지금까지 자신들은 국제법상 어떤 곳에서도 문화재 반환을 하지 않았다는 것을 내세우며, 반환 대상이 될 문화재들의 목록을 제시하라는 한국 측의 요구에 소극적으로 대응하는 한편, 일본 당국 내에서는 이 문제를 해결하기 위한 협의를 진행했다. 이러한 주장이 엇갈리며 제1차 한일회담의 문화재 반환 관련 협상은 마무리됐다.

회차(기간)	회의명	회의내용	비고
예비회담 (1951. 10. 20 ~12. 4)		한국 측 - 재일 조선문화재(고서적, 미술골동품, 고고학 자료)의 반환에 대해 언급 - 회담 개최에 앞서 분위기 상승을 위한 문화재 일부 반환을 제의	
제1차 회담 (1952. 2. 15 ~4. 21)	재산 및 청구권 위원회	제1차 회의 - 한국에서 반출된 고서적, 미술품, 골동품, 그 외 국보, 지도 원판 및 지금과 지은을 요구	한국 측 한·일 간 재산 및 청구권 협정 요강 8개항 제시
		제2차 회의 - 일본으로 반출된 문화재를 "부자연한, 즉 탈취 혹은 한국의 의사에 반하여 가져간 것"으로 규정 - 한국이 반환 대상의 문화재 반환 목록을 제출. 일본에도 목록 제출을 요구	일본의 대한 일본인 재산 청구권 주장으로 회담 결렬

2) 제2차 한일회담(1953. 4. 15~7. 23)

제2차 회담에서는 한·일 양측의 문화재 반환 협상에 대한 대략적인 방향이 정리됐다. 특히 일본 측은 한국 측이 샌프란시스코강화조약 제4조 (b)항을 근거로 재한 일본 재산에 대한 일본 측 권리 주장을 부정하는 것에 대해 전쟁 대상국을 점령한 사례와 조선과 같이 평화적 영유지인 경우는 다르다고 해석하며, 반환 반출의 시기를 광범위하게 상정한 것에도 따를 이유가 없다는 방침을 세웠다.[16] 다만 이 회담에서는 양측의 보다 원활한 진행을 위해 법적인 해석 문제는 서로 다루지 않기로 했다.

16 일본 외교문서 1117: 「世襲的文化財に関して」(1953. 2. 17).

제2차 한일회담이 시작되자, 한국 측은 1953년 5월 14일, 한국 국보, 역사적 기념물, 한국 지도 원판, 원도와 해도 반환에 관한 목록을 첨부하여 제시했다. 이는 제1차 한일회담에서의 주장을 보다 상세하게 기록한 목록인데, 원래는 이런 목록을 일본으로부터 먼저 받기 원했지만, 일본 측이 아무런 대응을 하지 않고 회담이 계속 지연되자 할 수 없이 한국 측이 제시한 것이었다. 일본 측이 목록 제시를 거부한 것은 내부 회의를 통해 조선을 부당하게 점령한 것이 아니라는 기조를 확인하고, 따라서 '평화적 영유지'인 조선에서 일본으로 반출된 문화재들의 입증 책임 또한 없다는 의견을 모았기 때문이다.

　한편 한국 측으로부터 목록을 받은 일본 측은 겉으로는 조사해보겠다는 답변만 남긴 채 별 다른 반응을 보이진 않았지만, 내부적으로는 자료에 대한 신속한 검토를 진행했다. 그리고 한국 측에는 시간을 벌기 위해 검토 결과를 쉽게 알려주지 않았다. 예를 들어 5월 19일 회의에서는 한국 측에 6월 2일까지 목록 조사에 대한 결과를 알려주겠다고 했지만,[17] 그로부터 한달이 지난 1953년 6월 15일의 '제3차 한·일 재산 및 청구권분과위원회'에서도 "문화재보호위원회의 협력을 얻어 조사 중"이라는 답변만 내놓았다. 그러나 앞에서도 설명한 바와 같이, 일본은 정부 기관 및 대학별 한반도 반출 문화재들의 소장처를 조사하는 한편, 이와 관련된 인물들의 인터뷰, 협조안 등을 받고 있었다. 일본의 한반도 반출 문화재에 대한 조사 내용은 다음과 같다.

　〈표 4〉의 내용에서도 알 수 있듯이 일본 외무성의 조사 일정은 매우 빠르게 진행됐고, 1953년 10월에 들어서는 한국 측이 제시한 문화재 반환 대상

17　한국 외교문서 723.1 JA 청1953.5 1-3차, 1114~1151:「제2차 청구권분과위원회 회의 경과보고서」(1953. 5. 19).

조사 일정		내용
1953년	5월 20일[18]	- 외무성이 문부성 내 문화재보호위원회에 협조 요청 - 각 지역 박물관과 학교 도서관 조사 - 긴급조사항목은 1주일 내에 완료 - 한국 내 '오타니 콜렉션'에 대한 반환 요구 검토
	5월 22일[19]	도쿄국립박물관 소장 한국 관계 문화재 조사 내용-정규 절차를 거쳐 구입된 것임을 확인
	6월 23일[20]	도쿄예술대학의 후지타 료사쿠(藤田亮策)에게 자문-한국 국보 미술공예품 목록에 대한 소견
	7월 4일[21]	도쿄대학, 교토대학, 아이치(愛知) 교육위원회의 회답
1953년	6월~ 7월 15일[22]	세키도분코(成簣堂文庫), 손케가쿠분코(尊經閣文庫)에 대한 조사 내용 보고
	10월 15일[23]	문부성 문화재보호위원회장 다카하시 세이치로(高橋誠一郎)의 한국 관계 문화재 조사 의뢰에 대한 회답 - 도쿄국립박물관 소장 한국 관계 문화재 성격 답변 - 교토국립박물관, 나라국립박물관, 도쿄문화재연구소 및 나라 문화재연구소에서는 본 건에 해당하는 문화재는 소장하고 있지 않음을 확인

의 목록 조사가 일단락됐다. 물론 이러한 조사 과정에 대해 한국 측은 전혀 인지하지 못했다. 일본은 상기 조사 결과로 한국에서 반출된 문화재는 모두 정당한 수단으로 입수한 것임을 확신한 후, 1953년 10월 제2차 한일회담에서 한국

18 일본 외교문서 584: 「韓国関係文化財調査に関する打ち合わせ」(1953. 5. 20).

19 일본 외교문서 584: 「韓国関係文化財調査依頼」 アジア2 第1112号(1953. 5. 22).

20 일본 외교문서 584: 「朝鮮の美術品, 骨董について」(1953. 6. 23).

21 「文部省 国大第89号」.

22 일본 외교문서 584: 「成簣堂文庫に対して」(1953. 6~7. 15).

23 「公文企 第78号」(1953. 10. 15).

회차(기간)	회의명	회의내용	비고
제2차 한일회담 (1953. 4. 15~7. 23)	재산 및 청구권 위원회	제2회 회담: 한·일 재산 및 청구권분과위원회 - 한국 측이 한국 국보, 역사적 기념물, 한국 지도 원판, 원도와 해도 반환에 관한 목록을 첨부하여 제시	독도 문제와 평화선 문제에 대한 양측 이견 노출 한국전쟁 휴전 후 제네바회담 개최 등으로 휴회
		제3회 회담: 한·일 재산 및 청구권분과위원회 - 일본 측이 문화재보호위원회의 협력을 얻어 조사 중이라고 답변	
		한국 측 - 이승만 대통령이 특별히 고서적에 대한 애착을 가지고 있다는 점을 지적하여 일본 측에서 고려할 것을 요청	
비공식 회담 (1953. 7~8)		일본 측 - '일한 관계 재개에 관한' 복안 제시 - '교섭 재개상' 한국 측과의 '청구권 교섭의 결과를 기다리지 않고, 한국의 국보라고 인정되는 것 중 박물관 등에 보존되어 있는 것은 가능한 범위 내에서 신속하게 한국에 반환하기로' 결정	

측에 '문화재에 대한 반환 의무가 없음'을 알렸다.[24]

그런데 이 조사 과정에서 매우 중요한 사실은 한국 측이 제시한 문화재 반환 목록이 한국 정부가 독자적으로 작성한 것이 아니라 식민지기의 자료를 기반으로 이뤄졌다는 점이다.

---

24 한국 외교문서 723.1 JA 청1953.10 1-2차, 1385~1406: 「제2차 재산 및 청구권분과위원회에 관한 보고의 건」(1953. 10. 21). 위의 내용에 대한 연구 성과는 류미나(2010), 「일본의 문화재 '반환'으로 본 식민지 지배의 '잔상', 그리고 '청산'의 허상─1958년 일본의 제1차 문화재반환까지의 교섭과정을 사례로」, 『일본역사연구』 제32집을 참조. 표는 류미나의 연구에서 재인용.

이것은 일본 역시 인지하고 있었다. 한국의 목록을 들고 일본이 각 부서별 회의를 거듭한 결과, 한국 측의 목록은 '문화재 보호위원회와 관계된 도쿄국립박물관 소장 한국소출품(468건) 및 나라국립박물관 소장 한국소출품(2건)이 포함되어 있고', '모두 구입 및 기증에 의한 정규 절차로 들어온 것'이라는 결론을 내렸다.

다시 말해 한국이 제시한 반환될 문화재들은 한국 정부의 자체 조사로 새롭게 발굴된 자료가 아닌, 도쿄국립박물관 소장 목록 중 한국에서 들어온 문화재를 정리한 것이다. 일본 입장에서 보면 이 자료들은 이미 익숙한 것이었고, 그에 반박하는 증거자료 역시 쉽게 준비할 수 있었기 때문에 한국 측의 반환 요구에 적극적으로 대응할 수 있었다.

3) 제3차 한일회담(1953. 10. 6 ∼ 21)

제3차 한일회담에서 주목할 것은 첫째, 일본 측이 제2차 회담에서 한국 측에서 제시한 반환 문화재 목록에 대해 결과를 발표한 것이고, 둘째, 구보타 간이치로 수석대표의 식민지 지배에 대한 옹호론으로 회담이 결렬됐다는 것이다.

일본 측은 한반도에서 일본으로 반출된 문화재들은 모두 '정당한 수단'으로 취득했기 때문에 반환하지 않을 뿐 아니라, 반환의 의무도 없다고 선언했다. 그러면서도 일본 측의 구보타 간이치로 수석은 비록 반환의 의무는 아니지만, 회담을 위해 국유의 문화재 중 얼마간의 '양도'를 정부에 의뢰하겠다는 의사를 보였다. 그리고 1953년 10월 17일 일본 외무성은 문부성에 이 문제를 협의했다. 그러나 문부성 외국(外局)단체인 '문화재보호위원회'는 이 협의안을 인정할 수 없다며 반대 의사를 표명했다.[25]

회차 및 기간	회의명	회의내용	비고
제3차 한일회담 (1953. 10. 6~21)	1차 (10. 9)	일본 측 한반도에서 일본으로 반출된 문화재들은 모두 '정당한 수단'으로 취득했기 때문에 반환하지 않을 뿐 아니라, 반환의 의무도 없다고 선언	- 어업(평화선) 문제 및 청구권 문제를 둘러싼 양측의 주장 - 구보타 망언(10. 15) - 일본의 문화재보호위원회는 일부 문화재 양도 가능성에 대한 외무성 결정에 반대(10. 17)
	2차 (10. 15)	일본 측 구보타 대표 "국유의 한국문화재 중에서 약간을 양도"에 대해 정부에 적극적으로 발언하겠다는 약속	
회담 결렬 (1953. 10 ~1958. 4)		일본과 미국(1953. 11) "일본의 우호정신의 증거로서 국유의 조선 미술품 약간을 한국에 증여할 것"을 포함한 성명을 일본과 한국 쌍방 동시에 발표할 것으로 결정	
		일본 측 오카자키 장관(1954. 5) 엘리슨 대사에게 "정부 소유에 해당하는 약간의 미술품을 증여할 용의가 있다"라고 양해	
		일본 측 다니 대사(1955. 1. 29) 김 공사의 비공식 회담 시 "국유의 문화재의 어떤 부분에 대해 독립기념으로 증정해도 좋다고 생각하고 있다"는 취지로 발언	
		한·일 양국(1957. 2) 외무성이 "일한회담의 의제와는 별도로 되도록 빠른 시기에 일본 정부는 그 소유에 해당되는 한국미술품 중에서 한국에 인도 가능한 것을 한국 정부에 인도하도록 하고 싶다"는 내용을 한국 측에 구두로 전달 협의	
		일본 각료회의(1957. 12. 30) 한·일 협상의 원활한 진행을 위해 한국미술품 반환을 결정	

25 일본 외교문서 569: 「(極秘) 日韓会談に伴う韓国関係文化財の問題について」(1958. 6. 6, 文化財保護委員會).

이후에도 외무성과 문부성 간의 의견 조율은 여전히 괴리가 있었고, 외무성은 한국 측과의 협의와 별도로 국내 문부성과의 협의가 원만하지 않았다.

4) 제4차 한일회담(1958. 4. 15~1960. 4. 15)

청구권위원회에서 분리된 문화재 반환 협상 회의의 출발

제4차 한일회담은 1953년 제3차 회담에서 일본 측 수석대표인 구보타 간이치로의 '식민지 지배'에 대한 옹호 발언으로 회담이 결렬된 지 약 4년이 지나 재개된 회담이다. 이 시기 일본이 가장 고민한 사안은 한국에 의해 나포된 일본인 어부들의 석방 문제였다. 또한 미국으로부터 한일회담의 조속한 재개를 지적받은 바, 일본으로서는 회담재개를 미룰 수 없는 입장이었다. 이 때 한국과의 물밑 접촉으로 문화재의 일부를 반환하여 대화의 물꼬를 튼다는 방법론이 대두됐다. 그러나 일본의 문부성과 그의 외곽기관인 문화재보호위원회의 강한 반대에 부딪혀 한국으로의 반환은 그리 쉽게 이뤄지지 못했다.[26]

그럼에도 불구하고 한일회담의 재개를 목표로 한 일본 외무성의 의지로 1958년 4월 16일, 도쿄국립박물관에 소장된 한반도 출토 문화재 106점이 한국으로 반환됐다. 이것은 해방 이후 한일 간에 이뤄진 최초의 문화재 반환으로 양국 사회에서 큰 주목을 받은 사건이지만, 그 과정에서 돌출된 문제는 한일 간의 문화재 반환 협상의 의미를 재고해야 하는 중요한 것이었다.

첫째, 당시 일본은 한국으로 문화재를 반환할 때 '인도'라는 용어를 사용했

---

26 일본 외교문서 687: 「文部省および文化財保護委員会回答」(1953. 10. 22).

고, 한국 역시 이에 대한 명백한 반대 의사를 충분히 보이지 않았다는 점이다. 자료에 따르면, 일본은 '기증'이란 용어를 쓰기 원했으나 한국 측이 강하게 반발했고, 이 문제로 몇 번의 회담을 진행하는 동안 해결을 보지 못하다가 결국 일본 측의 '인도'란 용어 사용에 양측이 동의했다.

일본이 '반환'이란 용어를 사용하지 않은 것은 '반환'은 부당한 점령으로 인해 반출된 문화재를 돌려준다는 의미를 포함하고 있기 때문에 이를 거부했기 때문이었다. 한국 역시 '기증'이나 '인도'란 용어 사용에 많은 반발을 했지만, 끝내 그 뜻을 관철시키지는 못했다.

둘째, 당시 이 반환 과정은 일본 사회에 알려지지 않은 채 비밀리에 진행됐다. 한·일 양국은 이 반환에 대해 보도 자료를 내지 않기로 약속했지만, 한국 측의 약속 불이행으로 한국에서는 106점의 문화재가 반환된다는 대대적인 보도가 있었고, 이에 일본 국회에서는 비밀리에 진행된 문화재 반환 문제에 대해 정부에 강력히 항의했다.

셋째, 이 반환에서 가장 주목해야 하는 것은 당시 처음으로 일본에서 한국으로의 문화재 반환이 이뤄질 때, 일본에서는 이를 문화재가 아닌 '표본용 기증품'으로 처리했다는 사실이다. 이는 일본 정부가 이 반환 과정을 사회적으로 공개하지 않은 채 진행한 이유도 있지만, 일본에서 문화재를 해외로 보낼 경우 일본 국내법에 저촉되기 때문에 문화재로 처리하지 못했기 때문이기도 하다.

그런데 이런 우여곡절 속에 이뤄진 이 문화재 반환은 한국 측에 환영받지 못했다. 대부분 문화재적 가치가 매우 떨어지는 물건들이었고, 하나의 문화재가 두 개로 잘려진 경우, 이를 두 개의 문화재로 처리하는 등의 졸속 반환이었기 때문이다. 당시 한일회담 수석대표 문화재 전문위원인 황수영은 106점의 문화재를 반환받은 후, 임병직 주일대사에게 제출한 보고서에서 "유물의 가치가 크다고 할 수 없다"고 보고했다.

제4차 한일회담의 문화재 반환 협상에서는 그 이전과 같이 청구권 회의에 부속된 회의가 아닌, '문화재소위원회'라는 독립적 협상 자리가 마련됐다는 데 의의가 있다. 한국 정부는 1958년 5월 21일, 문화재소위원회의 협상 방침을 정했는데, 첫째, 의제의 우선권을 장악하고, 둘째, 한국 문화재의 반환과 다른 청구권을 분리하여 문화재 반환을 우선적으로 추진하며, 셋째, 문화재소위원회 첫 회의에서 일본 측에 반환할 한국문화재의 총목록을 요구할 것을 회담의 진행방향으로 삼았다.[27]

한국정부는 이러한 기본방침으로 1958년 6월 4일, 문화재소위원회 제1차 회의에서 일본으로 유출된 문화재들의 반환을 요구했는데 이때 반환 대상을 과거의 모든 문화재에서 1905년 이후에 반출된 문화재로 국한시켰다. 그리고 앞서 서술한 기본 방침에 따라 일본 측에 반환 가능한 문화재 목록을 달라는 요구를 했다.[28] 그러나 일본은 이에 대해 정부의 지침이 내려오지 않았다는 이유로 즉답을 피했다.

일본 측은 이 회의가 있은 후 문화재 반환 협상에 대한 기본 방침을 정했고, 1958년 7월 2일 일본 외무성은 "일한회담 교섭방침"이라는 내용으로 "문화재의 증여가 불가피하다"는 것과 이를 "국교회복 후에 인도하는 방향으로 약속"할 것을 계획했다.[29] 일본이 이 방침을 정한 이유는 지난 4월 16일 106점의 문

---

27 한국 외교문서 723.1 JA 문1958, 0171~0172: 「제4차 한일회담 협상을 위한 기본 원칙」(1958. 5. 21).

28 한국 외교문서 723.1 JA 문1958, 0011~0013: 「문화재소위원회 제1차 회의요록」(1958. 6. 4).

화재를 한국 측에 전달한 후에 국내에서 많은 비판을 받았고, 이를 해명하는
데 애를 먹었기 때문이었다.

한국 측은 당연히 이러한 계획을 인지하지 못했기 때문에 문화재소위원회
를 통해 계속해서 일본 측을 강하게 압박했다. 예를 들어 1958년 9월 18일 한
국 정부가 협상단 측에 보낸 지령을 보면, 일본 측에 문화재 반환 목록을 요구
하되, 만일 일본이 주저하면 한국 대표단이 적어도 1,000개의 아이템을 포함
하는 우리 목록에 대해 일본 측의 답변을 요구하고, 추가 목록을 나중에 주겠
다는 의지를 어필하라는 내용이 있다.[30] 이는 구보타 발언으로 한일회담이 결
렬된 이후, 이를 재개하려는 일본 측 입장을 이용하면서 회담을 유리하게 이끌
기 위한 전략으로 보인다.

그러나 일본 측이 이러한 요구에도 명확한 답변을 내놓지 않으며 시간을 끌
자 1958년 10월 25일, 문화재소위원회 제5차 회의에서 한국 측이 목록을 또
다시 제출하는 것으로 마무리됐다.[31] 이렇듯 일본 측은 제12차 문화재소위원
회가 끝날 때까지 정부에서 구체적 지침이 내려오지 않았다는 이유로 더 이상
진전 있는 자세를 보이지 보이지 않았다.

여기서 제4차 한일회담 중 문화재소위원회를 거치며 두 가지 점을 지적하
고 싶다. 하나는 문화재소위원회에 관한 양측 보고서에 전혀 상이한 내용이 기
재되어 있는 점이다. 예를 들어 1958년 12월 19일 야마다 히사나리(山田久就)
일본 외무차관이 1905년 이후 한반도에서 반출된 문화재 중 일본 정부가 소

---

29 일본 외교문서 1538: 「日韓会談交渉方針」(1958. 7. 2).
30 한국 외교문서 723.1 JA 문1958, 0011: 「한일회담 협상 진전을 위한 지령」(1958. 9. 18).
31 한국 외교문서 723.1 JA 문1958, 0038~0041: 「문화재소위원회 제5차 회의요록」(1958. 10. 25).

유한 것을 전부 반환하겠지만, 개인 소유의 것은 어렵다는 협의를 해왔다.[32] 그런데 일본 외교문서에는 이와 반대로 유태하 공사가 이를 거짓으로 보고한 것으로 기록되어 있다. 이에 대해서는 후술하겠다.

다른 하나는 일본이 12차례의 문화재소위원회를 가지면서 협상 자체를 매우 지연한 정황이 포착되는데, 이것은 반환 협상을 다른 협상 사안과 조율하면서 진행했기 때문에 일어난 현상이란 점이다. 이에 대한 구체적인 내용은 다음 절에서 설명하겠다.

5) 어업 협상 여부에 따른 문화재 반환 협상의 방향 설정

앞에서 본 바와 같이 제4차 한일회담에서는 처음으로 문화재소위원회가 총 12회에 걸쳐 열렸지만, 한·일 간 문화재 반환에 관한 의견 조율은 전혀 이뤄지지 않았다(1958. 6. 4; 10. 4·11·18·21; 11. 1·8·15·22·29, 12. 6·13). 한국 측은 문화재 반환 협상의 기본 원칙을 정하려 했지만, 일본 측이 미온적 태도로 반환 의무가 없음을 주장하는 바람에 생산적인 논의가 이뤄지지 않았다. 그것은 한국 측이 문화재 반환 대상을 광범위하게 설정한 규정을 내놓았기 때문이다.

1958년 11월, 한국 측은 '문화재 범주'를 다음과 같이 제시하면서 일본 측에게 이에 맞는 반환을 상정한 문화재의 목록을 요구했다.

① 중요 문화재를 포함한 등록문화재
② 조선총독부와 대리인 조선고적연구회에 의해 일본으로 이송한 문화재

---

32 한국 외교문서 723.1 JA 문1958, 0102~0104: 「유공사가 대통령, 외무장관에게 보내는 전문 (MTB-095)」(1958. 12. 19).

③ 총독과 통감에 의해 일본으로 반출된 문화재

④ 경상남북도 일원의 고분 문화재

⑤ 고려왕조 등 고분 매장 문화재[33]

일본은 위와 같은 문화재의 내용들을 보고, 개인이 소장한 문화재들은 소장처 자체를 파악하기 힘들다는 이유를 들어 조사가 어렵고, 한국 측으로 인도할 수 있는 것은 국유물에 한정한다는 것을 주장했다.[34] 이에 한국 측은 1905년부터 일본에 반출된 문화재는 모두 불법이라고 맞받아치며 반환을 요구했다.[35]

이후에도 한국과 일본은 서로 먼저 목록을 제시하라는 요구와 한반도 출토 문화재 반출의 '정당성' 여부를 두고 답답한 협상을 이어갔는데, 이렇게 협상이 진전되지 못한 가장 큰 원인은 일본 측의 소극적인 협상 자세에 있었다. 그것은 일본이 한국으로부터 먼저 목록을 건네받겠다는 의도와 어업 협상의 결과를 보면서 문화재 반환 협상의 방향을 정하겠다는 전략이 있었기 때문이다.

제4차 회담 중 1958년 11월 1일의 문화재소위원회의 문서들을 보면, 일본이 어업협상에 유리한 고지를 차지하면 문화재와 선박에 관해서는 어느 정도 양보하겠다는 전략을 세웠음을 알 수 있다.

---

33 한국 외교문서 723.1 JA 문1958, 0102~0104, 38~41: 「문화재소위원회 제5차 회의요록」(1958. 11. 3), 국민대학교 일본학연구소 편(2008), 『동북아역자료총서 08 예비회담~5차회담』, 동북아역사재단.

34 위의 문서(1958. 11. 3).

35 위의 문서(1958. 11. 3).

Ⅰ. 한국 측은 선박과 문화재, 이 두 문제는 과거 청산의 문제로, 먼저 우리 쪽이 구체적 성의를 보여야 한다고 요구하고 있으며, 만약 우리 쪽이 성의를 보인다면, 한국 쪽의 분위기도 호전되어 어업 문제의 원만한 기운도 생길 것이라고 하고 있다. 선박·문화재의 선점은 이번 교섭에서 한국 쪽의 일관된 교섭 방침으로 바꾸게 하는 것은 매우 어려울 것이다. 한국 쪽 어업위원회 개최에 응한 것도 일단 위원회를 열면 선박·문화재의 대한 우리 쪽의 양보를 압박할 수 있다고 생각한 것에 불과하며, 결코 어업 문제에 기본선에 대해 우리 쪽을 만족시키는 것과 같은 양보를할 뜻이 있을 것 같지는 않아 보인다. (…)

Ⅲ. (…) 문화재와 선박 문제에 대해서는 섣불리 한국 쪽 유도 책략에 넘어가 한국의 제안에 대한 질문 등을 해, 점차 깊이 끌려들어가지 않도록 종래와 같이 방침이 결정되지 않았다는 선을 계속 견지하는 것이 맞을 것이다.[36]

위의 인용문에서도 보듯, 일본 측이 중요하게 여기는 것은 어업협상이었고, 이에 따라 문화재와 선박에 대한 양보도 상정하고 있었던 것이다. 한국 측의 경우, 문화재와 어업 등의 회담을 별도로 생각하고 있었기 때문에 이에 대한 협상 전략의 충돌이 발생할 수밖에 없었다.

그런데 제4차 회담의 막바지 시기인 1960년 4월, 일본 측에서 문화재 반환 협상에 대한 태도를 바꾼다. 1960년 4월 11일, 일본 측 외교사료인 「일한 전면 회담에 관한 기본 방침(안)」을 보면, 문화재 문제를 다른 안건과 별도로 진행하겠다는 방향을 제시하고 있다.

---

36 일본 외교문서 1541: 「日韓交渉現況について」(1958. 10. 27, 북동아시아과).

Ⅰ. 일반 방침

(1) 일한 간의 분위기가 호전되는 이때 신속하게 회담 타결을 도모할 것.

(2) 종래 교섭에서는 한국 측이 어업 문제에 관해 양보하지 않는 한, 문화재, 선박, 그 외의 문제에 대해 우리 쪽에서는 아무런 관계를 하지 않겠다는 방침을 취했는데, 이번에는 이것을 변경하여 어업 문제의 진행과는 상관없이 각 문제에 대해 해결해 갈 것. (⋯)

Ⅱ. 각 문제에 관한 방침

(⋯)

(3) 문화재

1905년(통감부 설치) 이후, 조선에서 운반해 온 문화재 중 현재 우리나라의 국유로 있는 것은 원칙적으로(서적 포함) 국교정상화 후, 한국 정부에 인도한다.[37]

위의 내용을 보면, 문화재 반환 협상은 1905년 이후 일본에 들어온 문화재 중 국유물 및 서적 등을 한국 정부에 인도한다는 것이다. 그리고 이 협상은 기존의 교섭, 즉 한국 측이 어업 문제를 양보하지 않으면 문화재 반환 협상도 진전될 수 없었던 방향을 전환하겠다는 것이다. 이런 방향 전환에 대해 현대송은 일본 측의 어업 협상 변화가 당시 유일한 외자 도입의 창구인 미국 원조가 감소하면서 일본의 자금 도입이 필요한 상황이었고, 어업 협상을 지키려다 다른 협상이 결렬되는 것을 피하고자 한 일본 측의 판단이라고 분석했다.[38]

---

37 일본 외교문서 1403: 「日韓全面会談に関する基本方針(案)(閣議了解案)」(1960. 4. 11~16).

38 박훈(2010), 「한일회담 문화재 '반환' 교섭의 전개과정과 쟁점」, 『의제로 본 한일회담 2』, 선인; 현대송(2016), 「한일회담에서의 신박문제: 어업·평화·독도 문제와의 4중주」, 『한국정치

회차(기간)	회의명	회의내용
제4차 한일회담 (1958. 4. 15 ~1960. 4. 15)	문화재소위원회 1차(1958. 6. 4) 2차(1958. 10. 4) 3차(1958. 10. 11) 4차(1958. 10. 18) 5차(1958. 10. 25) 6차(1958. 11. 1) 7차(1958. 11. 8) 8차(1958. 11. 15) 9차(1958. 11. 22) 10차(1958. 11. 29) 11차(1958. 12. 6) 12차(1958. 12. 13)	1958년 4월 14일 - 일본은 최초로 도쿄박물관 소장 한반도 출토 문화재 106점 반환
		1958년 6월 4일 - 한국 측 정의: 한국 문화재란 모든 고서적과 미술품, 골동품 및 그 외 문화재, 지도 원판을 포함 - 1905년 이후 한국에서 일본으로 가져간 한국 문화재의 반환을 요구
		1958년 11월 1일 - 일본 측은 지연 전략, 어업에서 일본이 유리하면 문화재와 선박은 양보 전략 - 한국 측은 신속한 문화재 반환 해결
		1958년 12월 13일 - 문화재소위원회 개최 이후 협상 결렬
		1960년 4월 11일 - 일본 측은 문화재 반환 협상을 다른 안건과 별도로 진행할 것으로 결정 - 1905년 이후 일본으로 들어온 문화재 중 국유 및 서적 등의 인도 제안
비고		- 일본의 최초 문화재 반환 당시 '인도'라는 용어 사용 - 1959년 북한과 일본의 '북송선 귀국사업' 시작 - 1959년 8월, 이승만 대통령 한일회담 중지 지시(~1960. 3) - 기시 내각 출범, 회담은 부진 - 회담 재개 및 휴회 거듭 - 1960년 4·19혁명으로 회담 중단

학회회보』 제50권 1호, 202쪽.

제4차 한일회담에서 변경된 일본 정부의 전략

㈎ 문화재·선박 문제에 대해 우리 쪽이 먼저 약속한다.

㈏ 어업 문제에 대해서는 한국 쪽에 양보를 시킨다.

㈐ 청구권 문제는 국교 수립 후로 넘긴다는 기본 방침으로 회담에 임한다.[39]

이런 외무성의 의견에 대장성 측은 문부성 측이 반발할 것이라고 경고했지만, 외무성은 한국 측도 협상 가능성을 열어놓고 있기 때문에 지금이야말로 신속하게 회담을 성사시켜야 한다고 주장했다. 그리고 만약 문부성의 반대가 있다면 각 성의 찬성을 얻은 후 문부성 고위급에서 교섭할 생각임을 언급했다.

6) 제5차 한일회담(1960. 10. 25~1961. 5. 15)

제5차 한일회담을 개최하기 직전 한국 사회는 4·19혁명으로 사회 전반에 걸쳐 혼란과 불안이 높았고, 장면 정부의 세력 약화로 국가가 제대로 기능하지 못했다. 이런 상황에서 한일회담이 속개됐다.

정부 간 협의도 제대로 이뤄지기 어려웠던 제5차 한일회담 문화재 반환 협상과 관련해 주목할 것은, 첫째, 일본 측에서 문화재 전문가들이 처음으로 협상에 응했다는 점, 둘째, 일본의 회담 지연이 제4차 한일회담 이후 지속됐다는 것이다.

특히 제5차 회의에 주목해야 할 것은 한일회담 진행 이후 처음으로 전문가 회의가 가능했다는 데 있다. 1960년 11월 2일, 한·일 양측이 문화재 관련 소

---

39 일본 외교문서 1404: 「日韓全面会談の基本方針に関する各関係各省との打ち合わせの件」
    (1960. 4. 13).

위원회를 청구권위원회 하부에 두기로 합의하고 각 위원회의 명단을 교환했다.[40] 이렇게 출발한 독립된 형태의 문화재소위원회는 총 2회(1960. 11. 11·24), 수석대표 간 비공식 회의는 1회(1960. 11. 14), 전문가회의는 총 2회(1961. 3. 7: 5. 8) 개최됐다.

제5차 한일회담 문화재소위원회의 제2회 회의가 개최된 1960년 11월 7일부터 12월 5일까지 한국 측은 반환받을 문화재의 범위를 다음과 같이 정해 일본 측에 전달했다. 이것은 일본 측에서 문화재 반환 품목에 대한 조사가 거의 진행되지 못함을 보고 한국 측이 단행한 반환 문화재들의 조건이었다.

① 일본에서 국보 또는 중요미술품으로 지정한 문화재

② 소위 총독부에 의하여 반출된 문화재

③ 소위 통감 또는 총독 등에 의해 반출된 문화재

④ 경상남·북도에 있는 분묘 또는 기타 유적에서 출토한 문화재

⑤ 고려시대의 분묘 및 기타 유적에서 출토된 것

⑥ 전적, 미술품(서화)

⑦ 개인의 수집품[41]

일본 측은 연일 이어지는 한국 측의 반환 문화재 조건에 대해 일본 내 문화

---

40 한국 외교문서 723.1 JA 본1960-61, 0038~0039: 「한일회담 제2차 전체회의 경과보고」(1960. 11. 2).

41 한국 외교문서 723. 1JA 문1960-61, 0007~0041: 「문화재소위원회 제2차 회의 회의록」(1961. 11. 7-12. 5).

재보호위원회의 의견을 듣겠다는 답변을 했다. 한국 측의 요구가 계속되는 동안 일본 측 역시 내부 회의를 거쳤고 양측은 주로 비공식적인 대화를 통해 의견 조정에 나섰다.

한국 정부는 1961년 2월, 각 분과위원회별로 기본 정책 시안을 만들었는데,[42] 문화재의 경우 상기한 내용을 포함해 7가지 분류로 반환 대상을 규정했다. 이 내용을 정리하면 다음과 같다.

① 현재 상기의 7가지 범주의 반환 대상은 일본에 약 3만 점에 이른 것으로 보인다.
② 이 중 ㈎에서 ㈐까지 해당 되는 문화재 중 1,015점은 1차로 반환할 대상으로 삼고 일본에 설명한 바 있다. 이 중 106점은 제4차 한일회담에서 이미 반환받았고, 나머지 459점(양산부부총 출토품)은 이미 그 목록을 일본에 제출한 바 있다.
③ 일본 측은 일본 정부가 소장한 문화재는 기본적으로 기증할 생각이다. 그러나 한국 측은 이를 반드시 '반환'받아야 한다.
④ 일본 측은 국립대학 소장 문화재도 돌려줄 수 없다고 한다. 그러나 이 역시 반환받아야 한다.
⑤ 개인 소장의 문화재는 문제가 복잡하므로 앞으로 더 토의한다.[43]

다시 말해 한국 측은 일본 측이 주장하는 '기증'이나 '인도'가 아닌, '반환'의 형태로 문화재를 돌려받을 계획이었음을 알 수 있다.

42 한국 외교문서 723.1 JA 일1960-61, 0165~0172: 「각 분과위원회별 한국 측 기본 정책시안」.
43 한국 외교문서 723.1 JA 일1960-61, 0165~0172: 「각 분과위원회별 한국 측 기본 정책 시안」.

〈표 8〉 제5차 한일회담 문화재 반환 협상의 주요 논의

회차(기간)	회의명	회의내용	비고
제5차 한일회담 (1960. 10. 25 ~1961. 5. 15)	문화재소위원회 1차(1960. 11. 11) 2차(11. 24)	문화재 관련 전문가회의가 최초로 개최	한국 장면 내각 일본 이케다 내각
	수석대표 간 비공식회의 (1960. 11. 14)	한국 측이 요구한 반환 문화재의 기준 결정	1961년 5·16쿠데타로 회담 중단
	전문가회의 1차(1961. 3. 7) 2차(5. 8)	양측의 기본안 결정	일본의 시간 지연 작전은 어느 정도 성공

이러한 방침으로 출발한 1961년 3월 7일 제1차 전문가회의에는 한국 측의 황수영과 일본 문부성 문화재보호위원회의 미술공예과장인 마쓰시타 다카아키(松下隆章), 그리고 도쿄박물관 문화재조사원인 사이토 다다시(齊藤忠)가 참석하여 회의를 가졌다. 이것이 일본에서 참석한 최초의 전문가 회의였다. 이때에도 일본 측은 "문화재 반환은 국제법적으로 아무런 의무가 없다"고 주장했고, 한국 측은 이에 대해 아무리 '정당한 거래'라는 그 거래 자체가 식민지 내에서 이뤄진 '위압적' 거래였음을 들어 재 반론했다. 결국 회담이 끝날 때까지 일본은 문화재 반출에 대해 끝까지 부정하며 어디까지나 '정당한 거래'라는 입장을 굽히지 않았고, 양측의 지루한 공방은 계속 이어졌다.

1961년 전문가회의를 진행하면서 한국 측은 황수영 위원과 더불어 이홍직 교수를 추가로 자문위원에 위촉했다.[44] 이는 같은 해 3월 21일 문화재소위원

44 한국 외교문서 723. 1JA 대1960-61, 0065: 「제5차 한일회담 예비회담 문화재위원 임명에 관한 건」(1961. 3. 27).

회에 참석한 일본 측 전문가가 2명이므로 한국 측에서도 황수영 외 1명을 증원해달라는 요청이 있었기 때문이다.[45]

양측의 양보 없는 주장이 이어지는 가운데 한·일 양측의 문화재 반환에 대한 기본적 원칙이 논의됐다. 이것은 어디까지나 일본 측의 주장인 바, 한국 측이 그대로 수용하려고 하지는 않았지만, 1965년 한일협정이 체결될 당시 이 원안이 대부분 받아들여졌다. 그 내용은 다음과 같다.

① 국유 문화재는 원칙적으로 돌려주겠다. 돌려준다는 것은 반환의 뜻이 아니라 기부한다는 뜻이다.

② 사유 문화재는 인도할 수 없다.

③ 문화재를 돌려주는 것이 어디까지나 정치적·문화적 고려에서 하는 것이지 법률적 의무로 하는 것은 아니다.

이상과 같은 내용으로 양측은 회담을 마무리했지만, 이 회담에서 일본의 지연작전은 어느 정도 성공했다고 하겠다.[46] 위에 인용한 한일 간 문화재 반환의 기본 원칙과 앞서 한국 측이 내세운 기본 방침을 비교하면, 처음으로 개최된 문화재 전문가회의에서는 일본 측의 요망이 많이 수용된 것을 확인할 수 있다. 결국 한국으로의 문화재 반환은 '인도'라는 용어를 사용하게 됐고, 대학 소장 물품은 반환 대상에서 배제됐으며 사유 문화재 역시 반환되지 못했다. 이러한

---

45 한국 외교문서 723. 1JA 대1960-61, 0025: 「제5차 한일회담 예비회담 문화재위원 증원 요청에 관한 건」(1961. 3. 21).

46 한국 외교문서 723.1 JA 문1960-61, 0029~0031: 「문화재 전문가 회합 보고」(1961. 5. 8).

내용을 기반으로 보면, 제5차 한일회담에서 전문가들의 만남은 성사됐지만 일본 측의 외교 성과가 더 있었다고 봐야 할 것이다.

그런데 이렇게 제5차 한일회담이 정리되는 상황에서 한국에 박정희의 쿠데타가 일어났고, 문화재 반환 협상은 그대로 중단이 되어버렸다. 그러나 비공식적 만남을 통해 한·일 양측은 지속적인 대화를 이어갔다.

7) 제6차 회담(1961. 10. 20~1964. 10. 4)

제5차 한일회담은 박정희의 등장으로 중단됐고 문화재 반환 협상도 결렬됐다. 쿠데타의 혼란이 어느 정도 정리된 후 양측은 1961년 7월부터 8월에 걸친 비공식회의를 통해 앞으로의 회담 전개 방향에 관한 의사를 교환했다. 1961년 7월 2~18일까지, 한국 외무부 정무국은 한일회담의 분과별 대응 방안을 정부에 올리고 답변을 기다렸다. 정무국이 올린 문화재 관련 정부 방침안은 다음과 같다.

제1안

1) 1905년 이래, 불법 또는 부당한 반출의 문화재를 반환한다.

2) 양측은 즉시 문화재 전문가를 임명하고, 반환할 문화재의 목록을 작성한다.

3) 전문가 임명 후 3개월 이내에 반환 문화재의 목록을 작성하고, 목록 작성 후 1개월 이내에 반환을 완료한다.

4) 반환의 방법은 '반환'으로 한다.

제2안

1) 1905년 이래, 불법 또는 부당한 반출의 문화재를 반환한다.

   ① 일본 국유물

   ② 일본의 사유문화재 중 일본의 국보 또는 중요미술품으로 지정된 문화재

2) 양측은 즉시 문화재 전문가를 임명하고, 반환할 문화재의 목록을 작성한다.

3) 전문가 임명 후 3개월 이내에 반환 문화재의 목록을 작성하고, 목록 작성 후 1개월 이내에 반환을 완료한다.

4) 반환의 방법은 '인도'로 한다.

5) 반환되지 않은 '한국문화재'로서 특수 진열하여 한·일 양국의 전문가가 동등하게 이용하게 한다.

제3안

1) 1905년 이래 일본이 한국으로부터 불법 또는 부당한 방법으로 반출해 간 문화재 중 상기 문화재는 한국에 반환한다.

   ① 문화재 약 1,000점(양국 전문가가 결정)

   ② 일본의 사유 문화재 중 일본의 국보 또는 중요미술품으로 지정된 문화재 80점

2) 양측은 즉시 문화재 전문가를 임명하고, 반환할 문화재의 목록을 작성한다.

3) 전문가 임명 후 3개월 이내에 반환 문화재의 목록을 작성하고, 목록 작성 후 1개월 이내에 반환을 완료한다.

4) 반환의 방법은 '인도'로 한다.

5) 반환되지 않은 '한국문화재'로서 특수 진열하여 한·일 양국의 전문가가 동등하게 이용하게 한다.[47]

제1안의 경우 한국 측이 문화재 반환을 어디까지나 '반환'의 입장으로 받으려 했지만, 상황에 따라서는 일본의 주장대로 '인도'로 정리할 수 있음을 시사하고 있으며, 또한 일본의 사유 문화재 역시 반환받아야 한다는 의지가 강했음을 엿볼 수 있다. 그러나 정부는 문화재 반환 협상에 대한 즉답을 하지 않았다. 8월까지의 정부 훈령 기록을 찾아봐도 문화재와 관련된 훈령은 보이지 않고, 대부분 북송에 대한 문제나 청구권, 혹은 어업 및 선박과 관련된 사안, 그리고 미국과의 관계 등의 내용이 대부분이다. 그 이유에 대해서는 아직 명확한 자료가 없어서 단언할 수 없지만, 당시 한국정부 입장에서 문화재보다 다른 사안을 우선시했다고 판단된다.

이런 상황 속에서 시작된 제6차 한일회담 문화재 반환 협상은 전문가회의가 개최되면서 지금까지의 협상과는 달리 문화재 개개의 구체적 협상이 진행됐으며, 한일회담의 조속한 타결을 위해 각 분과위원회의 협상이 발 빠르게 전개되는 양상을 보인다.

이 회담에서 문화재관계회의는 총 6회(1963. 2. 13·22·27; 3. 13·20; 4. 3), 문화재소위원회는 총 7회(1961. 10. 31; 11. 7·15; 12. 5·18; 1962. 2. 16·28), 전문가회의는 총 6회(1961. 11. 17·21·28; 12. 6·12·21) 진행되었다.

제6차 한일회담에서 문화재 반환 협상은 1961년 10월 31일 제1차 문화재소위원회를 개최하면서 시작됐다. 이 회의에서는 한·일 양측 모두 문화재 반환 협상을 다른 안건과 결부하지 않고 진행했으면 좋겠다는 의견을 교환했다.[48] 제2차 문화재소위원회에서는 이홍직 위원이 1905년 이후 한국에서 일

---

47 한국 외교문서 723. 1JA 예1961, V. 1, 0020~79: 「한일회담에서 현안 문제에 대한 정부 방침안」(1961. 7. 18).

본으로 반출된 문화재들 중 일본의 국보 또는 중요미술품으로 지정된 목록을 요구했고, 일본 측은 검토하겠다고 답변했다. 물론 그렇다고 해서 일본 측이 이에 대해 반환을 결정한 것은 아니었다.[49] 이때 일본 측은 네덜란드와 인도네시아가 문화재를 '이전'한 사례를 들며, 한·일 간에도 국제법상의 의무가 아닌 '인도'로 처리하려는 의지를 보였다.

이 회의 후 일본 측은 문부성과 협의를 했다. 그리고 이 자리에서 문부성은 한국 측의 요구대로 목록을 제출하지는 않을 것이며, 그 이유는 그 목록을 제출하면 한국 측이 이를 반환 목록으로 착각할 수 있기 때문이라는 의견을 밝혔다.[50]

일본 외무성은 문부성의 의지를 확인한 후, 제3차, 제4차 문화재소위원회에서 나온 한국 측에 목록 제출에 대한 거부 의사를 밝혔다. 그 후 12월 18일에 열린 제5차 문화재소위원회에서는 한국 측의 문화재 반환 요구에 대한 일본 측 입장을 밝혔다. 그것은 첫째, 일본으로 반출된 한반도 출토 문화재는 대부분이 이를 증명할 증거도 없고, 만약 있다 하더라도 국제법상 일본인 개인이 취한 불법 행위를 정부가 책임져야 할 이유는 없다는 것, 둘째, 총독부의 일본인 관헌들은 적법한 절차를 거쳤기 때문에 문화재를 반환할 의무가 없다는 것, 셋째, 한국과 장차 문화협조를 한다는 뜻에서 국교정상화 이후에 자발적인 기증을 할 것이라는 내용이었다.[51] 한국 측은 이에 반발했고, 실제 국제적으로도

---

48   한국 외교문서 723. 1JA 문1962-64, 0006~0009: 「문화재소위원회 제1차 회의 의사록」(1961. 10. 31).

49   한국 외교문서 723. 1JA 문1962-64, 0011~0019: 「문화재소위원회 제2차 회의 의사록」(1961. 11. 7).

50   일본 외교문서 574: 「韓国文化財問題に関する文部当局との打合に関する件」(1961. 11. 14).

문화재를 돌려준 사례가 있음을 들어 반박했다. 이 회의는 이러한 양측의 상반된 의견 교환으로 종결됐다.

이후 1962년 2월 1일, 수석 위원들의 비공식 만남이 이뤄졌고, 이 자리에서 일본 측 수석위원인 이세키 유지로(伊関裕二郎)는 매우 협조적인 태도를 보였는데, 한국 측 기록을 보면 이세키 수석위원은 "박물관 소장품을 일차적으로 반환하고 민간 소장품은 국교정상화 후에 문화협력의 원칙하에 점차 반환할 것"이라는 발언을 한 것으로 확인된다.[52] 그러나 일본 문서에 따르면 구체적으로 박물관 소장품을 반환한다는 내용이 아닌, "양국의 국교정상화가 되면 의무나 반환이 아닌, 문화협력의 차원에서 국가 소유의 한국문화재 중 적절한 문화재를 한국으로 인도하도록 하고, 민간 소유의 것도 한국으로 돌아갈 수 있도록 노력한다"는 내용으로 기재돼 있다.[53]

양측의 기록이 조금씩 상이하지만, 결론적으로 보면 한·일 양국 모두 국교정상화에 대한 진행 속도를 높이겠다는 의지는 분명하게 보인다. 특히 제6차 한일회담은 전반적으로 청구권의 타결과 정치적으로 합의점에 도달하고자 양측 모두 노력했고, 문화재 반환 협상 역시 타결을 전제로 한 논의를 이어나간 회담이었음을 알 수 있다.

1962년 2월 6일, 제1회 문화재소위원회에서 한국 측은 문화재 반환 협상에 다른 정치·경제 문제를 관련시키지 않아야 하며, 문화재 전문가들이 참가해야

---

51 한국 외교문서 723. 1JA 문1962-64, 0045~0053: 「문화재소위원회 제5차 회의 회의록」(1961. 12. 18).

52 한국 외교문서 723. 1JA 문1962-64, 0054~0055: 「수석위원의 회동 결과 보고」(1962. 2. 1).

53 일본 외교문서 576: 「日韓会談文化財小委員会主査非公式会談記録」(1962. 2. 1).

한다고 주장했다. 그러나 이러한 전문가 참석 제안은 일본 측 문화재보호위원회의 거부로 성사되지 못했다.

제6차 한일회담의 문화재소위원회 회의 중 주목해야 할 점은 1961년 11월 7일 제2차 문화재소위원회에서 나온 한국 측 황수영 교수의 발언이다. 황수영 교수는 문화재 반환 협상이 제1차 한일회담부터 제3차 한일회담까지 일반 청구권의 문제와 함께 논의된 점을 지적하며, 문화재 문제가 일반 청구권 문제와 다름이 없다고 주장했다. 이는 일견 제4차 한일회담 이후, 문화재 반환 문제를 별도로 다뤄온 한·일 양국의 입장과 상이한 발언인데, 황수영 교수의 목적은 문화재란 특수성으로 별도의 협상을 하지만, 일반 청구권과 마찬가지로 일본 측이 어디까지나 '의무'로서 취급해야 한다는 압박을 한 것으로 보인다.

그러나 일본은 네덜란드의 예를 들어 인도네시아에 문화재를 돌려준 것과 같은 의미로 협상을 이어 나가길 원했다. 이때 네덜란드의 사례란 "식민지 혹은 영유지의 상황에서 피지배국의 문화재를 반출"한 것으로 규정하여 문화재를 인도네시아에 '이전'한 것을 말한다. 즉, 한국 측은 문화재 반환 협상을 일반 청구권과 같은 문제로 여겼지만, 일본 측은 법적 책임이 동반되지 않은 문제로 삼고 있다는 것이다.

그리고 1962년 2월 28일 문화재소위원회회의에서는 1958년 제4차 한일회담부터 양측이 팽팽하게 맞서 온 반환 대상 문화재 목록 제시 문제가 해결됐는데, 이번에도 한국 측이 목록을 제시하면서 정리됐다. 또한 양측의 반환 형태에 대한 '인도' 혹은 '반환'의 규정은 1964년 3월 26일 회의에서 마무리됐다.

수석회의 내 비공식회의 제1회 회의에서는 스기 미치스케(杉道助) 일본무역진흥회 이사장과 배의환 주일대사 간에 문화재의 전달 방식이 '반환'이 아닌

회차(기간)	회의명	회의내용
제6차 한일회담 (1961. 10. 20 ~1964. 4. 5)	문화재전문가회합(문화재 전문가) 1차(1961. 3. 7), 2차(1961. 5. 8) 문화재소위원회(외무성 인물 중심) 1차(1961. 10. 31), 2차(1961. 11. 7), 3차(1961. 11. 15), 4차(1961. 12. 5), 5차(1961. 12. 18), 6차(1962. 2. 16), 6차(1962. 2. 28) 전문가회의(문화재 전문가) 1차(1961. 11. 17), 2차(1961. 11. 21), 3차(1961. 11. 28), 4차(1961. 12. 6), 5차(1961. 12. 12), 6차(1961. 12. 21) 문화재관계회의(예비절충, 문화재 전문가) 1차(1963. 2. 13), 2차(1963. 2. 22), 3차(1963. 2. 27), 4차(1963. 3. 13), 5차(1963. 3. 20), 6차(1963. 4. 3)	- 1961년 3월 7일, 문화재 전문가 회합에서 문화재보호위원회 미술공예과장과 문화재 조사관이 최초 참가 - 1961년 11월 7일, 황수영 교수 • 문화재 문제는 청구권 문제와 차이가 없다고 발언 • 이는 문화재 문제 역시 청구권과 같이 '의무'로 주장하기 위함 - 1962년 2월 28일, 한국 측 반환 대상의 문화재 목록 제시 - 한·일 간 문화재에 대해 '반환'이 아닌 '인도'임을 한국 측이 확인 - 이 회담 기간 중 일본의 사유 문화재는 포함하지 않은 국유 문화재를 중심으로 돌려받겠다는 내용 결정
비고	- 양국 간의 이해 및 동북아 안보 환경 변화로 국교정상화 요구 시급 - 1961년 10월 20일, 본회의 개최 - 1961년 11월 22일, 박정희 국가재건최고회의장, 이케다 수상 국교정상화 합의 - 1962년 10월 20일, 김종필·오히라 메모(무상 3억, 유상 2억, 상업차관 1억 달러 이상) - 1964년 4월, 한국 내 한일회담 반대 시위 격화로 회담 중단	

'인도'임을 한국 측이 확인했고, 일본의 사유 문화재는 포함하지 않은 국유 문화재를 중심으로 이뤄진다는 내용도 결정됐다. 이것으로 문화재 반환이 '일본의 부당한 반출'로 인해 발생됐다는 성격이 소멸되고, '문화협력' 차원에서 일부를 '인도'한다는 식으로 규정됐다.

한편, 제6차 한일회담에서는 문화재소위원회와는 별도로 '문화재전문가회의'라는 회의가 진행됐는데, 주로 일본의 문화재를 직접 관리·감독하는 문화재보호위원회 소속 공예과장과 조사관이 참여한 전문적 회의였다. 이 회의는 주로 한국 측이 제시한 조사 목록에 대해 일본 측 전문가들이 상황을 설명하는 식의 논의로 진행됐고, 양측의 의견을 교환한 후 종결됐다.

그리고 또 하나의 트랙인 제6차 한일회담 예비교섭 '문화재관계회의'가 진행됐는데, 이 회의에서는 한국 측이 제시한 목록에 대한 조사 내용 및 정치적 타결이 필요하다는 의견을 상호 교환했다. 이는 대부분 문화재소위원회와 문화재전문가회의에서 교류된 내용을 재확인하는 일에 불과했다.

이후 일본 외무성은 1962년 2월 14일 내부 토의를 통해 지금까지의 한국 측 목록에 기반한 반환 문화재 목록을 만들고 일본의 문화재보호위원회와 협의하여 조속히 한국으로 문화재를 반환하도록 결정했다.[54]

8) 제7차 한일회담(1964. 12. 3~1965. 6. 22)

이 회담에서는 문화재소위원회나 전문가회의를 별도로 갖지는 않았지만, 한·일 수뇌부의 정치적 타결과 경제 부문의 협상이 결정된 후 문화재 부문 역시 합의의 급물살을 타게 됐다.

1965년 3월, 김종필과 오히라 마사요시(大平正芳) 외상의 협상이 이뤄졌으며, 같은 해 4월 한·일 외무장관의 이름으로 '청구권 문제 합의사항'이 가조인됐다. 그리고 같은 해 6월 22일 "양국의 학술 및 문화의 발전과 연구에 기여할

---

54 일본 외교문서 576: 「文化財問題の解決方針に関する件(討議用資料)」(1962. 2. 14).

것을 희망"한다는 원칙 아래 '대한민국과 일본국 간의 문화재 및 문화협력에 관한 협정'이 체결됐다. 그리고 이듬해인 1966년 5월, 문화재 1,432점이 한국으로 '인도'됐다.[55]

제7차 한일회담에서의 사안들은 주로 제6차 한일회담에서의 결론을 두고 세부 사항을 조정한 데 그쳤지만, 문화재 반환 협상의 경우 두 가지 안건으로 합의에 난항을 거듭했다. 첫째는 양산부부총 유물 반환의 건이고, 둘째는 일본 내 개인이 소장하고 있는 문화재 반환의 건이다.

양산부부총 유물

양산부부총은 경상남도 양산에 위치한 대형 무덤으로 1920년 조선총독부에 의해 처음 발굴됐다. 여기에서 출토된 금동신발이나 장신구 등은 5~6세기의 신라와 매우 밀접한 관련이 있는 것으로 한반도 고대사를 연구하는 데 중요한 유물들이다.[56]

1965년 3월 22일 일본 외무성 북동아시아과에서는 '문화재에 관한 협의회'를 열었다. 이 협의회는 한일회담 교섭 막바지에 이뤄진 것으로 한국에 돌려줄 문화재 반환을 논의하는 자리였는데, 이 자리에서 문화재 관계자와 외무성이 한국에 반환할 문화재들의 목록에 관해 의견을 교환했다. 참석자는 문화재보호위원회 사무국 마쓰시타 다카아키(松下隆章) 미술공예과장과 도쿄박물관 다

55　이 때 반환된 1,432점의 문화재 수량은 명확한 것이 아니다. 당시 정부의 발표 및 일본 외무성의 보고서에 따라 1,432점이란 수량이 정설로 되어 있지만, 연구자들의 따라서는 다른 의견도 있다.

56　문화재청 홈페이지, http://www.cha.go.kr/korea/heritage/search/Culresult_Db_View.jsp?mc=NS_04_03_01&VdkVgwKey=13,00930000,38(검색일: 2018. 9. 7).

70　한일회담과 문화재 반환 협상

회차(기간)	회의명	회의내용	비고
제7차 한일회담 (1964. 12. 3~ 1965. 6. 22)	정치협상	1965년 6월 17~18일 본 회의에서 가장 중요한 것은 양산부부총 반환 여부	- 1965년 2월 20일, 기본관계 조약 가조인 및 양국 외상 공동성명 발표 - 1965년 6월 22일, 기본관계 조약 및 청구권 협정 등 4개 협정 서명 - 1965년 8월 14일, 한국은 국회 비준(찬성 100, 기권 1, 야당 보이콧) - 1965년 11월 12일, 일본 중의원 비준 - 1965년 12월 11일, 일본 참의원 비준 - 1965년 12월 18일, 서울에서 비준서 교환 및 협정서 발표

나카 사쿠타로(田中作太郎) 고고(考古)과장, 외무성 하리타니 마사유키(針谷正之) 문화사업부장, 그리고 북동아시아과의 야나기야 겐스케(柳谷謙介) 서기관, 모리타(森田) 사무관, 다지마(田島) 사무관이었다.

이 협의회 기록에서 가장 눈에 띄는 것은 한국이 양산부부총 유물들의 반환을 강력히 요구했는데, 일본의 문화재보호위원회와 도쿄박물관에서 거부를 하는 대목이다.

문화재보호위원회의 사무국 과장인 마쓰시타는 양산부부총이 고대 한일 관계, 그리고 '임나'와 일본과의 관계를 설명하는 귀중한 자료이므로 절대 반환할 수 없다고 각을 세웠다. 결국 양산부부총에서 출토된 유물들은 한일협정이 조인된 이후에도 한국에 반환되지 않았고, 한국 측은 이 유물들을 일본에 남기는 대신, 창녕 교동 고분 출토품과 경주 황오리 16호 출토품 등을 추가로 반환받았다. 양국의 국교가 수립된 이후 한국 정부가 일본에서 반환받은 문화재들에 대해 조사한 기록을 보면, 양산부부총에서 출토된 유물들은 문화재 가치로

봐서는 그리 높은 수준의 것이 아닌 데 비해 오히려 그 대신 반환받은 문화재들의 가치는 매우 높은 것으로 평가되어 있다.[57] 그렇다면 일본은 양산부부총의 유물을 끌어안은 대신 더 가치 있는 문화재들을 한국에 반환했다는 뜻이고, 이는 일본이 양산부부총에 부여하는 의미가 얼마나 큰지를 반증하는 것이다. 그리고 그 의미 속에 '임나'와 일본과의 관계가 들어있다는 뜻이다.

「합의의사록」조문의 해석

문화재 반환 협상의 마지막 단계에서 한·일 양측이 실랑이를 벌인 것은 일본 내 개인이 소유하고 있는 한반도 출토 문화재에 대한 반환의 여지를 어떠한 방법으로 남길 것인가에 대한 문제였다. 그래서 마지막 협상에서 추가한 것이 「합의의사록」이었다. 이것은 일본에 남아있는 개인 소장의 문화재를 한국에 반환하도록 한 한국 측의 마지막 외교 협상의 카드였다.

그런데 일본 측이 생각한 합의의사록은 이런 내용과 거리가 있는 것이었다. 일본 측은 한일협정 체결 이후 한국으로 반환될 문화재의 관리 및 전시 등의 내용을 고려했기 때문에 명칭도 '합의의사록'이 아닌 '왕복서간안(往復書簡案)' 정도로 약화시키고자 했다. 그런데 한국 측이 마지막까지 일본 내 개인이 소유하고 있을 문화재에 관한 내용을 합의의사록에 넣길 원했고, 일본 측은 할 수 없이 이 합의의사록을 만들되 어디까지나 형식적인 절차임을 강조하며 「대한민국과 일본국 간의 문화재와 문화협력에 관한 협정에 대한 합의의사록」(이하 「합의의사록」) 조인에 찬성했다. 그 내용은 다음과 같다.

---

57 「한·일간의 문화재 및 문화협력에 관한 협정 서명 이후의 문화재 인수(1966. 5. 28) 1965-66」, 『한·일 협정 외교문서(문화재) 자료집』Ⅱ, 517쪽.

「대한민국과 일본국 간의 문화재와 문화협력에 관한 협정에 대한 합의의사록」

한국 측 대표는 일본 국민의 사유(私有)로서 한국에 연유하는 문화재가 한국 측에 기증되도록 희망한다는 뜻을 말하였다.

일본 측 대표는 일본 국민이 소유하는 이러한 문화재를 자발적으로 한국 측에 기증함은 한·일 양국 간의 문화협력의 증진에 기여하게도 될 것이므로, 정부로서는 이를 권장할 것이라고 말하였다.[58]

즉, 「합의의사록」에는 일본 국민의 자발적 기증을 일본 정부가 장려한다는 내용이 들어 있다. 그러나 「합의의사록」을 둘러싼 양국의 해석 차이가 정반대인 상황이기 때문에 지금까지 이 「합의의사록」의 이행은 거의 이뤄지지 않고 있다. 이에 대해서는 다음 절에서 설명하기로 한다.

9) 문화재 반환 협상 중 양측 조문 해석의 차이

다른 나라와의 외교 협상에서는 회담 석상에서 나눈 내용이 국내외적 상황에 따라 다르게 해석되는 일이 있다. 뿐만 아니라, 양측이 조인한 문서임에도 불구하고 그 조문의 해석을 둘러싸고 각국의 입장이 다른 경우도 있는데, 한일회담에서도 이와 같은 일들이 일어났다. 여기서는 그의 대표적인 사례를 소개하고자 한다.

---

58 대한민국과 일본 국 간의 문화재 및 문화협력에 관한 협정, 「합의의사록」(1965. 6. 22).

문화재 반환 협상에 대한 양측 입장의 차

앞에서도 소개한 바와 같이 1952년 2월, 한일회담에서 문화재 반환 협상이 본격적으로 논의되기 직전인 같은 해 1월 9일, 한국의 김용식 공사와 일본의 치바 히로시 참사관은 문화재 반환에 대한 첫 만남을 가졌는데 이때 김용식 공사는 치바 참사관에게 다음과 같은 제안을 했다.

> 일한 간의 공기를 좋게 하는 것으로 하나의 안으로서 마쓰모토(松本) 고문에게도 하고 싶은 말이었는데, 그것은 종전 전에 또한 종전 직후에도 한국에서 일본으로 건너간, 한국으로 말하자면 국보라고 생각할 수 있는 고 미술품, 서적, 역사상의 참고품 등에 대한 것으로 이것들을 반환하는 것에 대해 고려해줄 수 있다면, 한국에 대한 우의적(友誼的) 제스추어로, 이것은 금전적 가치로는 비교할 수 없는 효과가 있을 것으로 생각된다.[59]

즉, 김용식 공사가 앞으로 있을 양국의 회담 분위기 고조를 위해 일본이 문화재를 얼마간 반환하는 것이 어떠냐는 제안을 한 것이다. 일본은 이러한 김용식 공사의 제안을 고려했지만, 그 고려가 본격적인 문화재 반환을 의미하는 것은 아니었다. 얼마간의 문화재 반환으로 한국과의 협상을 좋게 출발하겠다는 생각에 그쳤던 것이다. 그러나 본회담이 시작되자 한국은 일본에 반출된 한반도의 문화재를 모두 반환하라고 요구했고, 일본은 이에 크게 당황했다.

중요한 것은 김용식 공사와 치바 참사관의 비공식 만남과 관련한 문서는 일

59 　일본 외교문서 396:『(極秘) 金公使との会談要旨』(1952. 1. 9).

본 측 한일회담 공개 문서에만 존재할 뿐, 한국 측 공개 문서에는 존재하지 않는다는 것이다.

양측 주장의 진위 여부는 현재 일본 측 문서에만 존재하므로 확인할 수 없지만, 외교 전략상 불리한 자료가 소실된 경우가 있을 수 있다는 점을 생각할 때 일본 측의 주장을 완전히 무시할 수는 없다고 판단된다. 따라서 이 문제는 어느 한쪽의 옳고 그름을 가리는 식의 접근보다 향후 한일 간 문화재 반환 협상의 실마리로 활용할 필요가 있다고 생각된다.

1958년 한국 유태하 공사와 외무성 야마다 외무차관의 회합

이 회담은 1958년 12월 19일, 주일 한국대표단과 일본 외무성의 야마다 사무차관과의 회동하면서 발생한 갈등이다. 야마다 사무차관은 이 회담을 통해 1905년 이후, 한반도에서 일본으로 가져간 모든 정부 소유의 문화재를 한국에 반환하겠지만 개인이 소장한 것은 반환이 어렵다고 했다.[60] 그리고 야마다는 1905년 이후, 한반도에서 가져온 문화재를 다시 돌려주겠다는 말을 공식적인 발언으로 이해해도 된다고 했다. 그런데 이 내용은 한국 측 한일회담 자료에만 존재할 뿐, 일본 측 문서에는 없다. 오히려 일본 자료에는 한국 정부가 야마다 사무차관이 하지도 않은 말을 갖고 기만하고 있다는 비판의 보고서만 남아 있다.[61]

일본 측은 한국 정부가 '이승만라인'을 철회하지 않는 이상 문화재의 반환

---

60 한국 외교문서 723.1 JA-102, 26-94~96.
61 일본 외교문서 321: '山田次官 柳 公使 會談 要旨'(1958. 12. 19).

은 이뤄지기 어려운 상황이었기 때문에 유태하 공사가 한국에 전달한 내용은 어디까지나 유태하 공사의 계획된 '기만책'에 불과할 뿐, 야마다 차관은 일본 내 문화재를 한국에 무조건 보내겠다는 말을 한 적이 없다는 것이다. 이에 대한 사실 관계는 아직까지도 풀리지 않고 있다. 다만, 일본 측의 주장대로 당시 '이승만라인'의 철회는 이뤄지지 않았고, 상기의 일 이후에는 문화재소위원회가 개최되지 않았다(부록 〈자료 8〉 참조).

「합의의사록」 이행에 관한 이해

한·일 양국의 문화재 반환 협상으로 체결된 조문 중 가장 큰 해석의 차이를 보인 것은 「합의의사록」에 관한 내용이다. 「합의의사록」은 한일회담 협상 마지막 단계인 제7차 회담에서 한국 측이 제시한 안건으로, 일본이 문화재 반환 협상에서 민간인 소유의 문화재들을 협상 대상에서 제외하자 한국 측이 내놓은 마지막 카드였다. 한국 측은 일본 내 개인 소장품 중 한반도 출토 문화재들이 많은 것을 지적하며 이 역시 반환해 줄 것을 요구했지만, 일본 정부는 개인 재산은 국가에서 강제로 집행할 수 없다는 이유로 민간인 소장의 문화재 반환을 거부했다. 이에 한국 측은 한일협정이 체결된 이후라도 반환의 여지를 남기기 위해서 「합의의사록」을 만든 것이다. 여기에는 "일본 국민이 소유하는 이러한 문화재를 자발적으로 한국 측에 기증함은 한·일 양국 간의 문화협력의 증진에 기여하게 될 것이므로, 정부(일본—인용자 주)로서는 이를 권장할 것"이라는 내용이 명기되어 있다.[62]

---

62 「文化財及び文化協力に関する日本国と大韓民国との間の協定についての合意された議事録」
(1965. 6. 22).

그런데 이「합의의사록」작성 당시 한일 간의 인식이 전혀 달랐다는 것이 협정의 조인이 모두 끝난 후 문제가 됐다. 다시 말해 일본은 이를 단순한 형식으로만 인식하고 있었고, 일본 측과 의견을 교환한 김정태 참사관 역시 일본 측의 인식을 용인했다는 것이다. 그리고 이를 반증할 만한 문서가 일본 측에서 나왔다. 아래는 그와 관련된 내용이다.

문화재협정의「합의의사록」에서 사유문화재를 한국에 기증하는 것은 '정부로서 이것을 권장하는 것'으로 되어 있는데, 이 '권장'이란 말은 지금까지의 조약·협약에 사용된 예가 없다. 당시 협상의 진행은 6월 18일 힐튼 호텔에서 한국 측의 대표 방 공사와 김정태 참사관이 있을 때 나는 이런 설명을 했다. "사유재산권은 전시 체제하에 있는 한국에서는 일본의 경우보다 제약이 있었다고 해도 일본의 헌법하에서는 사유재산에 대한 권리는 강하게 보호되고 있고, 침해받지 않는다. 사유재산은 자연 보호적으로 발생하는 권리라는 개념이 원래 그 기반에 있기 때문에 이것을 일본 정부가 어떤 조치를 취한다는 것은 헌법상 불가능하다. 그것을 한국 측은 인식하고 있는가"라고 했더니 "그것은 잘 알고 있다"라고 했다. "그렇기 때문에 여기에 '권장하는 것이다'라고 하는 것은 일본 정부로서 '그것이 좋겠다'는 입장을 취할 뿐으로, 어떤 이에 대한 조치를 취하는 것이 아니고, 또한 그렇게 할 수도 없다"고 설명했다. 한국 측은 "그걸로 됐습니다. 한국 측도 '한국 측에 기증되는 것을 희망한다'고 하고 있어, 그것의 시비를 가리는 것을 요구하고 있지는 않다. 일본 측의 설명은 법률적으로는 이와 같다고 생각했고, 이것은 단순히 한국 측이 그런 희망을 표명하고, 일본 측도 '그렇게 되면 좋겠습니다'라고 하는 것"이라고 한다는, 그런 문장이 됐다.[63]

다시 말해 일본 측은 한국과의 「합의의사록」을 단순한 외교적 수사로 생각하고 있었고, 이는 김정태 참사관도 양해한 내용이라고 주장하는 것이다. 그러나 이에 관한 내용은 한일회담 외교 사료 중 일본 사료에서만 확인되는 문서일 뿐, 한국 내 외교문서에는 이에 관한 내용을 찾을 수 없다(부록 〈자료 9〉 참조).

그런데 한 가지 흥미로운 것은 한국 측에서는 합의의사록을 기반으로 한일협정 이후에 필요한 외교적 절차를 이행하고자 했다는 점이다. 예를 들어 1966년 4월 이동원 외교부장관은 김동조 주일대사를 통해 「합의의사록」 이행에 관한 일본 내 활동 상황을 조사하도록 한 것인데, 만약 한국 측이 「합의의사록」이 단순한 외교적 문안이었음을 인식하고 있었다면, 이러한 조사 행위는 어떻게 설명할 수 있을까. 이에 대해 한일회담 문화재 반환 협상 담당자였던 황수영 교수는 1973년 출간한 자신의 저서에서 "한·일 양국이 각서(「합의의사록」—인용자 주)를 교환했는데도 일본이 이를 이행하지 않"고 있음을 비판한 바 있다.

한편 일본은 「합의의사록」의 내용에 대해 한국 측과 다른 이해를 갖고 있었다. 예를 들어, 1965년 12월 11일 제50회 국회에서는 문부대신이었던 나카무라 우메키치(中村梅吉)가 한일협정의 「합의의사록」에 대해 다음과 같은 응답을 했다.

> 가메다 도쿠지   (…) 문부대신에게 한 가지 묻겠습니다. 문화재 반환에 관련해 이번
> 에 돌려주는 것은 국유만인데, 민간 소유에 대해서는 일본 정부가 권장[64]한다고 합

---

63 일본 외교문서 1316: 日韓国交正常化交渉の記録 総説 十二, その4.

64 「합의의사록」에는 '권장'이라는 용어가 사용됐지만, 국회 논의에서는 '장려'한다는 용어를 사용하고 있으며, 일본 외무성의 관료 역시 '장려'라는 용어를 사용하기도 했다.

니다. 구체적으로 어떤 이야기입니까? 예를 들어 조선 사람들이 매우 원하는 문화재가 민간 소유에 있다면, 그런 것에 대해서는 경제적인 근거를 일본 정부가 해서라도, 경우에 따라서는 전부가 아니더라도 특수한 것에 대해서는 거기까지 증거로서라도 조선민족의 것은 조선민족에게 반환한다는 입장에서 노력하는 것까지 생각하는 것인지 어떤지. 단지 입으로만 가능한 반환하는 것이 좋겠다는 정도의 것인지, 확실하게 밝혀주시기 바랍니다. (…)

국무대신(나가무라 우메키치) 「합의의사록」 중에는 사유 문화재에 대해 권장 운운하는 부분이 있습니다만, 그 권장이란 것이 정부가 어떠한 구체적 근거로 하게 되어 있는지, 그런 것의 질문입니다. 이「합의의사록」의 의미는 거기까지는 되어 있지 않습니다. 「합의의사록」의 부분에 있는 문장 그대로인 것으로, 정부가 보상을 하는가, 아니면 어떠한 부담을 지는가, 구체적으로 근거로 하는 의미는 전혀 포함되어 있지 않습니다. 이 문장 그대로입니다. 그것만 말씀드립니다.[65]

즉, 일본 정부는「합의의사록」의 권장 이행을 위해 특별히 보상 등의 부담을 지지도 않을 것이며 구체적인 의미는 포함되어 있지 않는, 그저 단순한 문안 그대로의 권장일 뿐이라는 것이다. 이런 국회에서의 답변만을 보면, 일본 측은 합의의사록에 대해 이행 노력은 물론, 처음부터 합의의사록에 대해 아무런 가치도 부여하지 않았음을 알 수 있다.

실제 1966년 4월, 한국 이동원 외무부장관은 김동조 주일대사에게「합의의

---

65 제50회 국회 참의원회의 본회의 제14호(1965. 12. 11).

사록」에 기록된 취지에 따라 일본 정부가 일본 국민이 소유한 한국 문화재의 기증을 권장하기 위해 구체적으로 어떠한 조치를 취하고 있는지 조사를 의뢰했다. 한국 정부는 그 결과로 한일협정으로 반환될 문화재 인수 절차를 수행하면서 동시에 민간인 소장 문화재 반환을 위해 전 한일회담 대표 등 문화재 전문가를 일본에 파견해 이를 돕고자 한 것이다.[66]

이에 주일본 한국대사관의 안광호 공사는 외무성 문화사업부장인 하리가이 마사유키(針谷正之) 부장을 면담한 자리에서 민간 소유 문화재 반환을 위한 상황을 문의했다. 그러자 하리가이 문화부장은 "일본의 국내법상, (특히 문화재 보호법의 견지에서─인용자 주) 「합의의사록」에서 일본 정부의 의향을 표명한 이상의 무언가를 하는 것은 불가능하며, 「합의의사록」을 내놓은 것 자체가 일본 정부가 민간에 권장하겠다는 태도를 표명한 것이고, 이 점은 협정을 결정할 때 한국 측도 그대로 이해한 것"이라고 설명했다.[67]

이에 안광호 공사는 1965년 한국의 이동원 장관이 방일하여 사토 에이사쿠(佐藤榮作) 수상을 면담했을 때, 사토 수상이 문화재 기증을 위한 국민운동을 전개하고 있다고 말하지 않았냐고 지적하자, 하리가이는 사토 수상의 말은 민간의 개인적 활동을 의미하는 것이라고 답변했다. 그리고 민간 소장 문화재를 반환하도록 권장하겠다는 「합의의사록」에 조인한 일본 정부는 문안을 쓴 그 자체가 '권장'이라고 주장했다.[68]

이러한 일본 정부의 태도를 보여주듯, 2015년 4월 현재 한·일 양국의 정부

---

66 문화재청(2005), 발신전보 WJA-04153, 『한일협정 외교문서 문화재 자료집』 II, 613쪽.
67 일본외교문서 1120: 「韓国への文化財の引渡について」(1966. 4. 15).
68 착신전보 JAW-04274 『한일협정 외교문서 문화재 자료집』 II, 616쪽.

간 협상에 따라 진행된 한국 문화재의 반환은 1991년의 '영친왕비에 유래하는 복식 등의 양도 관련 협정'[69]과 2011년 '한·일도서협정'[70]이 전부이다.[71]

2. 문화재 반환 협상의 주요 관련 인물[72]

이 절에서는 문화재 반환 협상의 주요 관련 인물들을 소개하고자 한다. 이 표에 등장하는 인물들은 국민대학교 일본학연구소에서 정리한 것을 기반으로 하고 있으며 반드시 문화재 반환 협상에만 참석한 인물들을 정리한 것은 아님을 밝힌다.

1) 한국 측 협상 관계자

〈표 11〉 예비 ~ 제3차 회담(1951. 10. 20 ~ 1953. 10. 21)

회차(기간)	지위	명단
예비회담 (1951. 10. 20 ~12. 4)	수석대표	양유찬(주미대사), 교체수석: 김용식(주일 한국대표부 공사)
	대표	임송본(식산은행 총재), 홍진기(법무부 법무국장), 유진오(고려대학교 총장), 갈홍기(주일대표부 참사관) ※ 김정태 참사관

---

69 条約4号, 外務省告示 306号(1991. 5. 24).

70 「도서에 관한 대한민국정부와 일본국 정부 간의 협정」 조약 제2048호(2010. 11. 14).

71 이에 대한 구체적인 연구는 류미나(2014)의 연구를 참고.

72 국민대학교 일본학연구소(2008), 「한일회담 참석자 명단」, 『한일회담 외교문서 해제집 V』, 동북아역사 자료총서12, 동북아역사재단, 667-685쪽.

회차(기간)	지위	명단
제1차 회담 (1952. 2. 15 ~4. 25)	수석대표	양유찬(주미대사), 교체수석: 김용식(주일대표부 공사)
	대표	유진오(고려대학교 총장), 임송본(식산은행 총재), 홍진기(법무부 법무국장), 지철근(상공부), 황부길, 문덕주(교통부), 한규영, 김태동, 이상덕, 이일우 ※ 김정태 참사관
제2차 회담 (1953. 4. 15 ~7. 23)	수석대표	김용식(주일대표부 공사)
	대표	유태하(주일대표부 참사관), 임송본(식산은행 총재), 장기영(한국은행 부총재), 장경근(외교위원회 위원), 홍진기(법무부 법무국장), 최규하(주일대표부 총영사), 지철근(상공부 수산국장), 이상덕(한국은행 외국부장) ※ 김정태 참사관
제3차 회담 (1953. 10. 6 ~10. 21)	수석대표	양유찬(주미대사), 교체수석 김용식(주일대표부 공사)
	대표	유태하(주일대표부 참사관), 장경근(외교위원회 위원), 홍진기(법무부 법무국장), 최규하(주일대표부 총영사), 이상덕(한국은행 외국부장), 지철근(상공부 수산국장), 이임도(상공부 수산국 어로과장), 이한은(외국부장), 장사홍(주일대표부 2등서기관), 한규영, 한인봉(주일대표부 2등서기관)

제4차 회담(1958. 4. 15 ~ 1960. 4. 15)

	지위	명단
본회의	수석대표	전반: 임병직(주 UN대사) 후반: 허정(전 대통령 권한대행·국무총리) 교체수석: 유태하(전 주일대사)
	대표	이호(전 내무부장관), 장경근(전 내무부장관), 최규하(전 외무부차관)
분과위원회	재산 청구권	이호, 최규하, 진필식, 황수영(동국대학교 교수), 한인봉(1등서기관), 엄영달(외무부 아주과장), 임도정(주일대표부 2등서기관), 지철근(해무청 수산국장), 노재원(주일대표부 2등서기관), 이상덕(한국은행 업무부장), 강영규(외무부 아주과장), 유창순(한국은행 조사부장), 이재항(외무부 본부 대기공사)

수석대표	유진오(고려대학교 총장)
문화재 분과위원회	수석위원: 엄요섭 위원: 문철순, 엄영달, 황수영(동국대학교 부교수), 이홍직(고려대학교 교수), 이수우, 박상두

제6차 회담(1961. 10. 20 ~ 1964. 4. 6)

수석대표	배의환(주일대사)
문화재 분과위원회	대표: 이동환 위원: 김재원(국립박물관장), 황수영, 이홍직, 최영택, 정일영, 전상진, 문철순, 이규현, 엄영달, 박상두 보좌: 김태지, 전성우

제7차 회담(1964. 12. 3 ~ 1965. 6. 22)

수석대표	김동조(주일대표부 대표)
문화재 분과위원회	수석대표: 방희(주일대표부 공사) 대표: 김재원, 이홍직, 황수영, 하갑청(문교부 문화재관리국장) 전문위원: 김정태

2) 일본 측 협상 관계자

〈표 12〉 예비회담(1951. 10. 20 ~ 12. 4)

수석대표	마쓰모토 슌이치(松本俊一, 외무성 고문)
대표	무라가미 도모카즈(村上朝一, 법무국 민사국장), 와지마 에이지(倭島英二, 외무성 아세아국장), 니시무라 구마오(西村熊雄, 외무성 조약국장), 이구치 사다오(井口貞夫, 외무차관), 치바 히로시(千葉晧), 오노 가쓰미(大野勝巳), 히라가 겐타(平賀健太, 법무부 민사국부), 우시로쿠 도라오(後宮虎郎, 관리국 총무과장), 다나카 미쓰오(田中三男, 출입국관리청 제1부장)

제1차 회담(1952. 2. 15 ~ 4. 25)

수석대표	마쓰모토 슌이치(松本俊一, 외무대신 고문)
재산 및 청구권	오노 가쓰미(大野勝美), 이시다 다다시(石田正, 대장성 이재국장), 핫토리 고로(服部五郎), 미쓰후지 도시오(光藤敏雄), 우시로쿠 도라오(後宮虎郎), 시게미쓰 아키라(重光晶, 외무성 조약국 제3과장), 우에다 가쓰로(上田克郎, 대장성 이재국 외채과장) ※ 치바 히로시(千葉皓)

제2차 회담(1953. 4. 15 ~ 7. 23)

수석대표	구보타 간이치로(久保田貫一郎, 외무성 참여)
재산 및 청구권	이시다 다다시(石田正, 대장성 이재국장), 요시다 노부오(吉田信邦, 대장성 이재국 총무과장), 우에다 가쓰로(上田克郎, 대장성 이재국 외채과장), 시게미쓰 아키라(重光晶, 외무성 조약국 제3과장), 히로타 신(廣田積, 외무성 아세아국 제2과장)

제3차 회담(1953. 10. 6 ~ 10. 21)

수석대표	구보타 간이치로(久保田貫一郎, 외무성 참여)
본회의	구보타 간이치로(久保田貫一郎, 외무성 참여), 시모다 다케조(下田武三, 외무성 조약국장), 스즈키 마사카쓰(鈴木正勝, 외무성 참사관), 고지마 다사쿠(小島太作, 외무성 아세아국 제1과장), 다카하시 사토루(高橋覚, 외무성 조약국 제1과장), 오바타 데쓰로(大畑哲朗, 외무성 경제국 제5과장), 다케우치 하루우메(竹内春梅, 외무성 아세아 제2과장), 기노모토 사부로(木本三朗, 외무성 조약국 제3과 사무관), 기요이 다다시(淸井正, 수산청 장관), 나가노 세이지(永野正二, 수산청 생산부장), 오토 모토나가(大戸元長, 수산청해운 제1과장)

제4차 회담(1958. 4. 15 ~ 1960. 4. 15)

한국 청구권 분과위원회	수석대표	사와다 렌조(澤田廉三, 외무성 고문)
	대표	니시하라 나오카도(西原直廉, 대장성 이재국장), 아시다 시즈오(朝田静夫, 운수성 수운국장), 미야케 기지로(三宅喜二郎, 외무성 심의관), 요시다 노부오(吉田信邦, 대장성 이재국 부국장), 야베 마사노부(矢部正信, 운수성 수운국 참사관)

| 한국 청구권
분과위원회 | 위원 | 한다 고(半田剛, 대장성 이재국 외채과장), 호소카와 도시조(細川年造, 대장성 재산관리국 제2과장), 요시다 도시로(吉田俊朗, 운수성 수운국 총무과장), 나카가와 도요키치(中川豊吉, 외무성 동북아과장), 쓰치야 미나오(土屋三男夫, 외무성 동북아 사무관), 나카지마 도시지로(中島俊二郎, 외무성 조약국 조약과장), 이케베 겐(池部健, 외무성 동북아과 사무관) |

제5차 회담(1960. 10. 25 ~ 1961. 5. 16)

| 한국 청구권
문화재
분과위원회 | 수석대표 | 사와다 렌조(澤田廉三, 외무성 고문) |
| | 이세키 유지로(伊関裕二郎, 외무성 아시아국장), 우라베 도시오(卜部俊男, 외무성 참사관), 사쿠라이 요시오(櫻井芳雄, 대장성 이재국 외채과장), 가네마쓰 다케시(兼松武, 외무성 조약국 조약과장), 마에다 도시카즈(前田利一, 외무성 아시아국 동북아과장), 야나기야 겐스케(柳谷謙介, 외무성 아시아국 동북아과 사무관), 이구치 다케오(井口武夫, 외무성 조약국 조약과 사무관), 스기야마 치마키(杉山千万樹, 외무성 아시아국 동북아과 사무관) |

제6차 회담(1961. 10. 20 ~ 1964. 4. 6)

| 한국 청구권
문화재
분과위원회 | 수석대표 | 스기 미치스케(杉道助) |
| | 이세키 유지로(伊関裕二郎, 외무성 아시아국장), 우라베 도시오(卜部俊男, 외무성 참사관), 사쿠라이 요시오(櫻井芳雄, 대장성 이재국 외채과장), 가네마쓰 다케시(兼松武, 외무성 조약국 조약과장), 마에다 도시카즈(前田利一, 외무성 아시아국 동북아과장), 야나기야 겐스케(柳谷謙介, 외무성 아시아국 동북아과 사무관), 이구치 다케오(井口武夫, 외무성 조약국 조약과 사무관), 스기야마 치마키(杉山千万樹, 외무성 아시아국 동북아과 사무관) |

제7차 회담(1964. 12. 3 ~ 1965. 6. 22)

| 수석대표 | 다카스기 신이치(高杉晋一) |
| 청구권 및
경제협력 | 니시야마 아키라(西山晶, 외무성 경제협력국장), 와타나베 마코토(渡邊誠, 대장성 국제 금융국장), 사타케 히로시(佐竹浩, 대장성 이재국장), 와타나베 야에이지(渡邊弥榮司, 통산성 무역진흥국장), 아카사와 쇼이치(赤澤璋一, |

청구권 및 경제협력	통산성 통상국 경제협력부장), 다카시마 세쓰오(高島節男, 경제기획청 조정국장), 사도 쇼지(佐渡正二, 외무성 조약국 참사관), 무라이 시치로(村井七郎, 대장성 관방재무조사관), 미무라 오사무(味村治, 법무성 민사국 제4과장), 아쓰미 겐지(渥美げんじ, 대장성 이재국 외채과장), 오쿠라 기미오(大藏公雄, 대장성 국제 금융국 투자과장), 아카바(赤羽佳, 대장성 주계국 법규과장), 오다 가즈미(小田和美, 대장성 주계국 법규과장 보좌), 다레미즈 기미마사(垂水公正, 대장성 국제 금융국 투자과장 보좌), 구마가이 젠지(態谷善二, 통산성 무역진흥국 자본협력과장), 사사부치 이사무(笹淵勇, 경제기획청 경제협력과장), 니와야마 게이이치로(庭山慶一郎, 경제기획청 참사관), 구로다 미즈오(黑田瑞天, 외무성 아시아국 북동아시아과장), 야나기야 겐스케(柳谷謙介, 외무성 서기관), 스미카와 고유(澄川弘友, 외무성 아시아국 북동아시아과 사무관), 구로코우치 야스시(黑河內康, 외무성 아시아국 북동아시아과 사무관), 다지마 다카시(田島高志, 외무성 아시아국 북동아시아과 사무관), 오카다 아키라(岡全晃, 외무성 경제협력국 경제협력과장), 니시야마 다케히고(西山建彦, 외무성 경제협력국 경제협력과 사무관), 가와무라 도모야(川村知也, 외무성 경제국 아시아과 사무관), 마쓰나가 노부오(松永信雄, 외무성 조약국 조약과장), 나카에 요스케(中江要介, 외무성 조약국 법규과장), 구마야 나오히로(態谷直博, 외무성 조약국 조약과 사무관), 후쿠다 히로시(福田博, 외무성 조약국 조약과 사무관), 가토 준페이(加藤淳平, 외무성 경제협력국 배상조정과 사무관), 우시바 노부히코(牛場信彦), 히라가 겐타(平賀健太), 야기 마사오(八木正男), 우시로쿠 도라오(後宮虎郎), 후지사키 마사토(藤崎萬里), 하리가이 마사유키(針谷正之), 히로세 다쓰오(廣瀬達夫), 요시오카 에이치(吉岡英一), 미야치 시게루(宮地茂, 문화재보호위원회 사무국장), 와다 마사아키(和田正明)

위의 표가 문화재 반환 협상을 포함해 한일회담을 이끈 주요 인물들을 소개한 것이라면, 문화재 반환 협상에서는 일본의 문화재보호위원회의 역할을 소개하지 않을 수 없다. 이들은 비록 문화재 반환 협상의 실제 참석자로 나오지는 않았지만 일본 내 문화재 관련 사안을 총괄하고 지휘할 수 있는 권위를 가진 인물들로 한일회담 협상의 '가려진 실세'라고 표현해도 좋을 것이다. 이 절에서는 이들이 어떤 활동을 해왔는지, 그 경력에 대해 살펴보고자 한다.

성명	업무 및 관련 사항
다카하시 세이치로 (高橋誠一郎)	- 1884년 출생 - 1920년 게이오대학 교수 임명 - 1947년 요시다 내각의 문부성 대신, 일본학사원 회원 - 1948~1976년 일본예술원 원장 역임 - 1950~1956년 문화재보호위원회 위원장 역임 - 1973년 훈1등 욱일대수장(旭日大綬章) 훈장 수상 - 1979년 문화훈장 수상
호소카와 모리타츠 (細川護立)	- 1883년 10월 21일 메이지 시대 후작 및 귀족원 의원 호소카와 모리 히사(細川護久)의 4남으로 출생. 미술 수집가로도 유명. - 1914년 귀족원 의원으로 활동. 국보보존회회장, 동양문고 이사장 역임. 쇼소인(正倉院)평의회의 평의원 - 1925년 낙랑고묘의 발굴 조사에 기부 - 1932년 조선총독부에 6,000엔 기부. 낙랑 발굴 - 1950년 문부성 문화재보호위원회 위원
야시로 유키오 (矢代幸雄)	- 1890년 출생, 미술사가 - 1930년 도쿄국립문화재연구소의 전신 미술연구소 발족에 공헌 - 1936년 동 연구소의 소장 취임 - 1950년 문부성 문화재보호위원회 위원 - 1970년 문화공로자 수상
이치마다 히사토 (一万田尚登)	- 1893년 출생, 재력가, 정치가 - 1918년 일본은행에 입사 - 1944년 일본은행 이사로 승진 - 1950년 문화재보호위원회 위원 - 1954년 하토야마 내각의 대장성(大藏省) 대신 역임 - 생전 '법황'으로 호명, 최고재력가
우치다 요시카즈 (內田祥三)	- 1885년 출생, 건축가, 일본학사원, 도쿄대학 교수 - 1943년 도쿄대학 총장 역임 - 1972년 문화훈장 수상 ※ 도쿄제국대학 건축학: 한국 통감부 시대부터 교수인 세키노 다다시(關野貞)가 문화재 발굴 시작, 한반도에서 출토된 유물을 다수 소장하고 있음.

문화재보호위원회는 1950년 8월, '문화재보호법'의 시행으로 발족됐다. 이 위원회는 문부성 내 외국(外局)단체 중 하나로 문화재 관리 및 보호에 관한 업무를 관장하고 있었는데, 1968년 6월 문부성 내부 부국인 문화국과 통합되면서 지금의 '문화청(文化廳)'으로 개편됐다.

　문화재보호위원회는 비록 문부성 외국단체 중 하나였지만, 상부기관인 문부성이 이 위원회를 자유롭게 움직일 수는 없었다.[72] 이 내용을 보더라도 각각의 전문위원들이 학계·미술계의 유력자이면서 동시에 발언권이 매우 강한 인물들이었음을 알 수 있다. 더욱이 고서적, 미술 골동품을 불문하고 문화재에 관한 처리에서는 이 위원들을 무시할 수 없음을 보고하고 있다. 그렇다면 이 위원들의 면면을 살펴볼 필요가 있을 것이다.

　〈표 13〉을 보면 알 수 있듯이, 이 전문위원들은 대부분 과거 장관을 지낸 이력의 고급 관료이거나 막대한 재산가, 그리고 귀족 출신의 인물들로 문부성 내 하부기관 구성원이라고는 생각하기 어려울 정도의 실력자들이다.

　문화재보호위원회의 위원들은 일본제국주의의 아시아 대륙 침략의 확대와 비례하여 이 지역의 유적 및 문화재 조사, 발굴, 수집, 수리·보존과 전시, 그리고 교육을 담당했던 인물들이거나 혹은 그 후원자들이었다. 이들이 수집한 많은 아시아의 문화재들은 현재도 일본 각지에 소장돼 있고, 이들이 그것들을 관리하고 감독했던 것이다.

　한일회담 당시 일본 외무성에서도 이들에 대한 조사를 실시했다. 그런데 그 보고서를 보면 문화재보호위원회가 문부성의 외곽기관이지만 상부기관인 문

73　일본 외교문서 568: 「文化財關係主管官厅に關して」(1953, 월일 미상, 외무성).

부성이 이들 위원들에게 특별한 발언권이 없었으며, 이들에게 반대하기가 어려운 상황이었음을 알 수 있다.[74] 특히 문화재의 관리 책임은 문화재보호위원회에 있었고, 위원들의 경력에서도 알 수 있듯이 이들 중에는 관급 또는 경제계 거물들이 포진되어 있음은 물론, 과거 패전 이전의 일본에서 귀족 지위에 있었던 인물들이 있었기 때문에 이들을 무시할 수 없었다는 것이 보고서의 내용이다.

그 중 호소카와 모리타쓰는 조선총독부의 유물 발굴 사업에 거액의 기부금을 수차례 건넨 사실도 있어, 이 스스로 식민지에서의 유물 반출을 인정하리라는 기대는 하기가 어려웠다. 그것은 자신들 스스로의 과거를 '불법적인 것'으로 규정하는 것과 다름이 없었기 때문이다. 따라서 일본의 문화재보호위원회가 한일회담에 비협조적인 것은 물론, 회담 참석 자체를 거부한 것은 그리 상상하기 어렵지 않다. 결국 이러한 세력이 지속적으로 한일회담 문화재 반환 협상의 보이지 않는 힘으로 작용했고, 그 힘들이 회담 방향에 영향을 끼쳤다고 봐야 할 것이다.

---

74 일본 외교문서 568: 「文化財關係主管官庁に関して」(1953). 이에 대한 자세한 내용은 류미나 (2009)의 연구를 바탕으로 수정 보완한 것임.

Ⅳ. 한·일 양측의 협상을 둘러싼 주요한 이슈

1. 한일회담을 둘러싼 양국 사회의 반응

앞에서도 설명한 바와 같이 한일회담 개최에는 미국의 압박이 큰 영향을 끼쳤다. 그것은 1950년을 전후로 냉전의 문제가 대두되고 한국전쟁이 발발하면서 동아시아 및 아시아 태평양 전략에 미국의 개입이 강화됐기 때문이다. 특히 한국전쟁이나 연이어 일어난 베트남전쟁은 미국에서 볼 때, 독립이나 민족통일을 요구하는 것이 아닌 공산주의의 위협으로 보았고,[75] 미국의 지도자들은 자신들의 동맹국을 확대시키고 안정화시키는 목적으로 아시아 각국의 전후 배상문제와 미국이 주도하는 국교 정상화를 체결하도록 종용했다. 한일회담 역시 이와 같은 흐름에서 이뤄진 미국의 전략적 도구였다고 할 수 있다.[76]

이렇게 시작된 한일회담은 처음부터 순조롭게 출발할 수 없었다. 예를 들어 제1차 한일회담의 수석대표인 마쓰모토 슌이치(松本俊一)의 회고록에는 한국과

---

75 マクマン, ロバート(2010), 「安全保障か自由か : 朝鮮戦争がアメリカ的世界秩序に与えた影響」, 菅英輝編, 『冷戦史の再検討 : 変容する秩序と冷戦の終焉』, 法政大学出版局, 39-61쪽.

76 최종길(2012), 「전학련과 진보적 지식인의 한반도 인식 : 한일회담 반대 투쟁을 중심으로」, 『일본역사연구』 제35집.

의 재산 청구권 문제로 갈등이 있자, 일본 측에서 샌프란시스코강화조약을 통해 한반도에 있는 일본인 재산이 몰수되는 상황에 항의하는 뜻을 강하게 내비쳤고, 이는 처음부터 한국 측의 콧대를 누르려는 의도였다는 내용이 들어있다.[77]

또한 일본 국회에서도 한·일 국교 정상화를 반대하는 이유로서 미국의 압력을 들곤 했는데, 1965년 한일협정이 체결된 이후, 한일회담의 성격을 비판한 일본 사회당 오카다 소지(岡田宗司) 의원은 미국의 개입을 지적하며 『일본특수전쟁핸드북』을 거론했다. 820쪽에 이르는 방대한 핸드북의 내용, 즉 "일한교섭은 미국의 강한 압력 아래 1960년 초반에 재개하여 같은 해 3월 양국 정부는 쌍방이 억류 중인 어민을 석방하고 통상관계를 재개할 것에 동의했다"는 부분을 인용하면서 미국의 개입을 강하게 비판했다.[78]

오카다 의원의 지적처럼 한일회담의 방향은 한·일 양국 간의 논의보다는 국제사회, 특히 미국의 동아시아 관계 전략과 냉전체제 속에서 진행됐기 때문에 한·일 양국을 만족시키는 데 한계가 있었다. 그의 대표적인 현상이 바로 한일 양국에서 일어난 한일회담 반대운동이다.

한일회담에 대한 양국 사회의 부정적 시각은 회담 초기부터 꾸준하게 있었다. 반대하는 이유는 다양하게 존재했지만, 한국 사회에서는 주로 일본과의 협상 진행이 매우 부진했던 상황과 식민지 지배에 대한 배상이 미흡한 것은 물

---

77 일본 외교문서 1: 「(極秘) 松本俊一, 第一次日韓会談当時の回想」(1969. 11).
78 제50회 국회 참의원회의 일한조약특별위원회 6호(1965. 11. 27), http://kokkai.ndl.go.jp/cgi-bin/KENSAKU/swk_dispdoc.cgi?SESSION=36910&SAVED_RID=3&PAGE= 0&POS= 0&TOTAL=0&SRV_ID=3&DOC_ID=11195&DPAGE=1&DTOTAL=7&DPOS=6&SORT_DIR=0&SORT_TYPE=0&MODE=1&DMY=13967(검색일: 2019. 3. 10).

론, 일본에 대한 저자세 외교가 가장 큰 원인이었다. 한편 일본에서는 한반도에 남겨진 일본인 재산의 문제와 한일협정이 체결된 이후 한반도의 분단 상황이 더욱 확고해진다는 점 등이 이유로 꼽혔다. 물론 일본 사회에서는 무엇보다 한반도에 남겨진 일본인 재산의 문제가 가장 큰 관심사였음은 말할 나위가 없다.

5·16 군사쿠데타가 발생한 이후 박정희 정권의 한일협정 체결에 대한 가속화가 가시화되면서 한국 사회의 반대 운동은 더욱 극심해졌다. 일본 역시 1960년 안보투쟁이 맞물리면서 이를 용인한 정부에 대한 비판과 '동북아시아 군사동맹론', '조선 남북통일 저해론', 그리고 이를 이용한 미국의 '일본 기지화 우려' 등이 거론됐고 한일협정 체결 이후 미국에 대한 견제 약화와 아시아와 세계 평화 위협에 대한 비판이 점차 증대됐다.[79]

한국 사회에서 대일 외교의 저자세가 문제가 된 것처럼 일본 내에서도 한일회담에 임하는 일본 정부에 대한 태도에 비난의 목소리가 높았다. 일본 국회 내에서는 특히 일본 사회당이 한일회담 중에 계속되는 미국의 개입과 이를 용인하면서 한일회담을 지연시키는 일본 정부를 강도 높게 지적했는데, 그 내용 중에는 문화재 반환 협상과 관련한 발언도 등장한다. 주된 내용은 일본이 영국이나 프랑스와 같이 식민지 지역의 문화재를 반출한 것에 반성이 없는 것과 한국 측이 요구하는 '양산부부총'의 반환을 시행하라는 것이었다. 다음은 1965년 12월 10일, 참의원회의에서 일본 사회당 의원인 마쓰나가 추지(松永忠二)의 양산부부총 반환을 둘러싼 질의응답 내용이다.

---

79 박진희(2007. 6), 「한,일 양국의 한일협정 반대운동 논리」, 『기억과 전망』 16권.; 유지아(2015. 2), 「동아시아 국제관계와 일본내 한일회담 반대운동」, 『탐라문화』 제48권.

마쓰나가 추지 (…) 특히 여기서 지적하지 않으면 안 되는 것은 한국 측이 강하게 인도를 열망하고 있는 경상남도의 양산 '부부총' 발굴품은 결국 일본이 인도를 거부했습니다. 일본의 태도는 합법적으로 일본에 가져온 것이다, 따라서 이것을 반환할 수 없다, 인도할 경우에도 유사한 물건이 한국에 있는 것은 일본이 인도하지 않는다는 기본선을 세우고, (한국 측의― 이하 인용자 주) 강한 열망이 있지만 결국 이것을 거부해 양산의 '부부총'의 발굴품은 인도하지 않게 되었습니다. (…) 그런 점에서 본다면, 아까 말씀드린 대로 도대체 일한조약 중에서, 협정 중에서 정한 내용은 앞서 말한 조선의 민족 독립을 상징하는 것이다. 그러한 강한 열의에 충분히 대응하지 못한 것으로 우리들은 아쉽지만 지적하지 않으면 안 됩니다. (…) 프랑스나 영국 등이 식민지 지배의 정신을 계속 갖고 있어 지금 그것을 반환하지 않고 자국의 미술관에 이것을 일종의 긍지로 걸고 있다는, 그런 사실을 오히려 반성의 재료로 삼아, 조선의 문화재를 인도한다는 생각을 충분히 검토해야 하지 않는가. 특히 (한국이) 인도를 열망하는 물건을 거부한, 앞서 말한 경상남도의 양산 '부부총'의 유품 같은 것은 국유인지라, 이런 문제에 대해 앞으로 검토할 필요가 있다고 생각합니다.[80]

요컨대 위의 인용문은 과거 제국 열강들이 식민지 및 점령지에서 반출한 문화재들을 반환하지 않은 것은 여전히 '식민지 지배의 정신'을 갖고 있기 때문인데 일본이 한일회담에서 보인 태도가 바로 그러하다는 지적을 하면서 이는 '조

---

80 제50회 국회 참의원회의 본회의 13호(1965. 12. 10), http://kokkai.ndl.go.jp/cgi-bin/ KENSAKU/swk_dispdoc.cgi?SESSION=36910&SAVED_RID=1&PAGE=0&POS=0&TOTAL= 0&SRV_ID=3&DOC_ID=19818&DPAGE=1&DTOTAL=1&DPOS=1&SORT_DIR=1&SORT_ TYPE=0&MODE=1&DMY=43199(검색일 : 2018. 10. 1).

선의 민족 독립' 열의에 부합하지 않는 것이었음을 꼬집은 것이다.

한편 일본 학계 일부에서도 문화재 반환 협상을 비판하면서 한국만이 아닌 북한과의 협상까지 추진하라는 요구를 했는데, 이 점 역시 일본 정부로서는 부담이었다. 예를 들어 일본 내 조선학 대가인 하타다 다카시(旗田巍)는 한일회담에 대해, 첫째, 일본이 한국에 반환한 문화재들이 국유재산이라는 것, 둘째, 한일회담에서 일본이 주장한 '인도'의 명칭을 한국이 수용함으로써 한국은 문화재의 '반환'을 포기한 셈이라는 것, 셋째, 한반도에서 반출된 문화재는 어디까지나 '조선인'의 문화재였음을 상기할 때 북한을 배제한 협정 체결은 한계를 갖는다고 비판했다.[81] 무엇보다 북한과의 교섭을 무시하고 한국만을 상대로한 교섭은 한반도의 문화재의 역사성 그 자체를 무시하는 처사였다는 것이다. 다시 말해 한일회담을 대하는 일본 정부는 식민지 지배에 대한 인식 부족으로 한국의 문화재 반환 요구의 이유를 충분히 인지하지 못했고, 이런 상태에서 진행된 문화재 반환 협상은 끝까지 평행선을 달릴 수밖에 없었다.

---

81 旗田巍(1965. 9), 「朝鮮文化財の返還問題について-真の日朝友好とはなにか-特集・日韓条約調印以後」, 『世界』238, 岩波書店; 旗田巍(1965. 9), 「日韓条約と朝鮮文化財返還問題」, 『歷史学研究』304, 歷史學研究會; 旗田巍(1965. 9), 「文化財および文化協力に関する協定-日韓条約の批判的検討」, 『法律時報』37(10), 日本評論社.

2. 한국 정부의 협상 전략의 문제점

1) 한국 정부의 정보 수집 능력

한국 정부가 문화재 반환 협상을 위해 수집한 자료들은 대부분 조선총독부 자료들이었다. 이는 일본 외무성이 1953년 단계에서 이미 조사한 내용으로 한국 측에서 처음으로 반환 대상 문화재 목록을 제시하자 조선총독부 박물관장과 경성제국대학 문학부장을 역임한 후지타 료사쿠의 자문을 통해서 확인됐다.[82]

후지타는 한국이 제시한 목록을 검토한 후, "1935년경 조선 및 도쿄에서의 조선고미술품 전람회가 개최되었던 적이 있는데, 이 목록은 당시의 도록에서 조사한 것"이라는 소견을 냈다. 그리고 그는 "현재 일본 국내에는 조선의 종(鐘)이 50개가량 있는데, 한국이 목록에 기재한 것은 1919년 당시 출판된『조선종사진집』에서 발췌한 것으로 생각된다"고 밝혔다. 요컨대 한국의 문화재 반환 목록 작성은 일본 소장의 도록 혹은 사진집에서 추려졌다는 것이다.

문화재 반환 협상을 위해 한국 측이 일본의 자료집들을 참고한 것은 한국 측 내부 자료에서도 확인할 수 있는데, 1958년 1월 최재유(崔在裕) 문교부장관이 조정환(曺正煥) 외무부장관에게 일본에 '피탈'된 문화재에 대해 설명하는 가운데 일본 소장을 확인한 자료로 야나기 무네요시(柳宗悅)의『조선의 예술(朝鮮の芸術)』, 모로카 후미오(諸鹿史雄)의『경주유적(慶州遺蹟)』, 마쓰카타(松方) 후작의『고려도자기(高麗燒)』를 들고 있다.[83]

정리하자면, 한국은 협상을 위해 충분한 자료가 준비되어 있지 않았고 미

---

82   일본 외교문서 585:「朝鮮の美術品、骨董について」(1953. 6. 23).

비한 준비 자료 역시 식민지 시대에 일본인들 손으로 만든 것에 의존했었다는 것을 알 수 있다. '식민지 청산'을 위해 마련된 협상의 자리는 정보의 수집부터 한계를 갖고 출발했다고 해도 과언이 아니다.

2) 한국 측 문화재 반환 협상의 문제점

한국 측이 한일회담 문화재 반환 협상을 진행하는 과정에서 여러 어려움이 있었는데, 이 문제들은 한국 측이 협상을 이어가는 동안 장애물로 등장했다.

첫째, 반환 교섭 자료의 부족이다. 1945년 해방을 맞은 후, 한국 정부는 1948년부터 '대일배상'에 대한 자료를 조사했지만, 1953년까지 문화재 반환에 대한 확고한 증거 자료를 확보하지 못했다. 이는 식민지기 조선에서 문화재 행정·관리에 대한 구체적 지식이 조선인에게 없었고, 해방 직후 일본인들의 급격한 귀환으로 조선의 모든 행정이 마비되었기 때문이다. 이러한 현상은 필경 문화재 행정에 국한된 것은 아니었다. 다른 분야에서도 일본인이 떠난 자리는 행정의 공백이 이어졌고, 미군정이 등장한 후에도 이런 공백을 모두 메꾸기는 어려웠다. 특히 한국전쟁으로 국가의 존폐 위기를 맞은 한국 정부로서 외교 협상을 위해 따로 자료를 확보한다는 것은 거의 불가능한 일이었다.

둘째, 한일회담 당시 한국 내 문화재를 전문적으로 다룰 수 있는 인재의 부족이다. 일제강점기 조선에서 유물을 다룰 수 있는 것은 일본인이 유일했고, 발굴 조사 등도 조선총독부의 철저한 감시 아래 됐으며, 조선인들은 잡역이나 길 안내를 하는 역할에 그쳤기 때문에 해방 직후부터 진행된 한일회담에서 문화재를

83　한국 외교문서 723. 1JA 문1958, 0114 : 「피탈문화재 중 일부의 설명서 송부의 건」(1958. 1. 21).

다룰 수 있는 전문가가 부족했다.

실제 1916년 조선총독부가 조선 내 유물 보존이라는 명목 아래 '고적 및 유물 보존규칙'을 제정했을 때, 유물 및 유적은 총독부 허가 없이 그 누구도 손을 댈 수 없도록 조치됐다. 그리고 "유물을 본 자는 3일 이내에 구두 혹은 서면으로 관할 경찰에 신고하도록" 되어 있었다.[84] 즉, 식민지기 조선의 문화재 행정에 대해서 총독부 이외의 조선인 개입은 철저하게 배제된 것이다.

이러한 식민지기의 상황은 총독부의 박물관 행정을 담당한 관료들의 증언에서도 일치한다.

예를 들어 조선총독부 박물관 직원이었던 아리미쓰 교이치(有光教一)의 회상 기록을 보면, 해방 당시 조선총독부박물관에는 "고고학이나 미술사를 전문으로 하는 조선인 관원이 한 명도 없어 일본인 관원이 떠나간 후에는 전문직 관원이 제로가 된다"고 밝히고 있다. 그래서 "일본인 관원이 박물관을 떠날 때까지 박물관의 운영 방법과 고적조사사업의 경과를 조선인 전문가에게 보고해 둘 필요가 있다"고 주장했다.[85]

결국 그의 주장대로 미군정에서는 박물관 운영의 심각성을 깨닫고 아리미쓰에게 조선 체류 명령을 시달했으며 그로 하여금 1945년 12월, '국립박물관의 개관'[86]을 준비하게 했을 뿐 아니라, 1946년 6월까지 박물관 운영을 위한 조선인 전문가 양성을 위해 일하게 했다.

---

84 「古蹟及遺物保存規則」朝鮮総督府令第52号 3条,『朝鮮総督府官報』(1916. 7. 4).

85 有光教一(1997),『朝鮮学事始め』, 青丘文化社, 189~190쪽.

86 이 시기 '국립박물관'이란 용어는 사료상의 용어이다. 미 군정시기의 박물관이 '국립박물관' 이란 용어를 사용한 점에 대해서는 정치학적 및 법률적인 논증이 필요할 것이다. 이 글에서는 이에 대한 논증까지는 다루고 있지 않다.

이러한 상황을 보면 조선총독부 당시 문화재 보호를 위한 정책이 시행됐다고는 하지만, 그것이 조선인과는 아무 관련이 없는 정책이었고 조선인 전문가는 전혀 양성되지 못한 일본인을 위한 제도였음을 가늠할 수 있다.

셋째, 한국 측은 일본과의 협상에서 외무성만이 아닌 문부성까지 상대해야 했기 때문에 회담 진행에 어려움을 겪었다. 한일회담 관련 외교문서가 공개되기 전까지 협상에 문화재 반환 협상이 어떤 과정에서 진행됐는지, 그리고 일본 측 내부 논의가 어떤 것이었는지에 대해 거의 알려진 바가 없었다. 그동안은 단편적인 보도 등을 통해 문화재 반환 협상이 일본 외무성의 비협조와 시간을 지연시킨다는 비판이 나왔을 뿐, 구체적인 상황에 대해서는 알기 어려웠다. 그런데 한일 양국의 외교문서가 공개되면서 오히려 일본 외무성은 한국과의 국교 정상화 달성이라는 당면 과제를 해결하려 문화재 반환에 적극적이었고, 문부성과 문화재보호위원회가 반환을 거부했다는 것이 드러났다. 한국 측이 일본 측과의 협상에서 즉답을 얻을 수 없었던 것은 일본 측 외교관들이 문화재와 관련해서는 문부성 및 문화재보호위원회 등과 논의해야 했기 때문이었고 이러한 이유로 시간이 걸렸던 것이다. 그리고 이런 문제들 역시 한국 측이 일본과 협상을 하는데 어려움으로 작용했다.

3. 일본 측의 협상 변화와 그 원인

1) 일본 측 협상의 기본 전략

문화재 반환 협상에서 일본 측 전략이 가장 두드러지게 보이는 것은 목록 제출 부분이다. 일본은 한국의 태도를 파악하는 것에 중점을 두었고, 한국 측이 들고 나오는 조건을 보면서 협상을 이어가고자 했다. 한국 측이 과연 어떤 제안을 할지 가늠할 수 없어 계획 수립에 어려움을 느꼈기 때문이다. 다음은 일본이 한국과 청구권 교섭 후에 외무성에 보고한 내용이다.

> 최초 본 건에 대해서는 신뢰할 수 있는 정보가 적어 한국 측 태도의 예상이 어려웠기 때문에 문제점의 이론적 검토와 참고자료의 정비에 힘을 다함과 동시에 대강적(大綱的) 대처 요강을 준비했고, 그 방침에 따라 먼저 한국에 제안을 시켜 한국 측 요구의 전모를 제시하게 했으며, 또한 용어 해석을 중심으로 형식적 질문을 해 한국 측 제안의 세목 및 논거를 명백하게 밝히게 하고, 나아가 그러한 가운데 우리 측 생각 및 대책을 한국 측이 알지 못하게 주의를 했다.[87]

즉, 일본은 한국 측의 제안 내용에 대한 정보가 없어서 한국 측에 단순한 용어 및 형식적 질문 등을 던져 시간을 확보하고, 이에 대한 대응책 마련에 고심했다고 보인다. 한국 측 자료에도 일본이 시간을 지연하려는 태도가 한 달 이상 계속됐고, 한국 측은 이에 대해 초조했었음을 알 수 있다.[88]

특히 반환 대상 목록을 제시하는 과정에서 일본의 전략은 동일하게 나타난다. 일본은 반환 대상 목록을 먼저 받고, 그중에서 일본에 부담이 없는 것으로

---

87 「3월 19일 재산, 청구권 문제 교섭의 경위」, 일본 외무성.
88 일본의 이러한 태도는 1951년 10월에 개최된 예비회담에서도 동일하게 나타난다. 제4차 회의가 진행될 동안 일본은 한국 측의 제안에 대해 즉시 답변을 피했고, 회담 자체를 1952년 봄으로 연기할 것을 제안했다. 한국 외교문서 723.1JA 본1951, 0167: 「제5차 한일회의 경과 보고의 건」(1951.10.31); 723.1JA 본1951, 0179: 「제6차 한일회의 경과 보고의 건」(1951. 11. 9).

돌려주는 방식을 선택했다. 이러한 태도는 한일회담이 끝날 때까지 이어졌다.

또한 일본 측 기본 전략은 국제법상 반환 사례를 근거로 한국 측의 반환 요구에 대응책으로 삼았다는 것이다. 네덜란드와 인도네시아의 사례를 들어 한·일간 문화재 협상에 적용하거나 혹은 영국·프랑스·미국 등의 서양 국가들이 자신들의 식민지 지배 지역에 반환한 사례가 없음을 들어 일본 역시 반환의 의무가 없음을 회담 내내 강조했다. 이 전략은 지금도 일본 정부가 취하고 있는 것과 유사하다. 예를 들어 2010년 한·일 간 도서 반환 협정에 대해 일본 국회에서의 비판은 한국과 프랑스 간의 협정 내용을 예로 들어 일본에만 반환을 집요하게 요구하는 한국에 대해 비판하는 평가가 있었다.[89] 현재도 이러한 의식이 있는 것을 상정할 때, 한일회담 당시 식민지 지배에 대한 인식과 한국의 문화재 반환 요구가 일본 사회에 부정적으로 보였을 것은 자명한 일이다.

마지막으로 일본은 식민지 지배에 대한 부당성을 한 번도 인정하지 않았다. 이것은 1951년 예비교섭 시기부터 1965년 한일협정을 체결하기까지 일관된 전략이기도 하다. 또한 현재도 일본 정부는 식민지 지배의 정당성을 주장하고 있기 때문에 강제동원 문제나 일본군'위안부' 문제 역시 인정하지 않고 있다. 일본의 이러한 전략으로 문화재 반환 협상에서 역시 한국 측에서 반환 대상 목록을 작성하도록 했으며, '반환'이라는 용어도 사용한 적이 없을 뿐 아니라, 1958년 처음으로 106점의 문화재가 한국으로 '인도'될 때에는 '표본용 물

---

89 제177회 국회 참의원회의 외교방위위원회 제11호(2011. 5. 26.), http://kokkai.ndl.go.jp/cgi-bin/KENSAKU/swk_dispdoc.cgi?SESSION=34264&SAVED_RID=3&PAGE=0&POS=0&TOTAL=0&SRV_ID=9&DOC_ID=6940&DPAGE=1&DTOTAL=3&DPOS=2&SORT_DIR=1&SORT_TYPE=0&MODE=1&DMY=41216(검색일 : 2018. 10. 20).

품의 기증'이라는 형식을 취했던 것이다. 앞으로도 일본의 이러한 인식은 쉽게 변화하지 않을 것이며 그에 기반한 금후의 협상전략 역시 한일회담과 유사한 방향으로 전개될 것으로 예상된다.

2) 일본 정부의 협상 자세와 변화

종래 연구에 따르면 한일회담을 진행하면서 일본 정부의 협상 자세가 크게 변화한 시점을 제5차 한일회담 이후로 보고 그 원인으로 박정희 정권의 등장을 들곤 한다.

그런데 연구자들 중에는 2005년과 2008년 한·일 양국의 외교문서가 공개된 이후, 1960년 4월을 전후해 일본 외무성이 마련한 「교섭기본방침안」에 주목하여 이 시기를 일본 측 협상 변화의 기점으로 보는 견해도 있다. 이 「교섭기본방침안」으로 일본이 '청구권 방식'에서 '경제협력 방식'으로 전환했다는 것이다.[90]

1953년 10월 제3차 한일회담 결렬 이후, 한국 정부가 대일(對日) 강경방침에 따라 평화선을 침범하는 일본 어선을 나포하는 사건이 급증하자 일본 국내에서는 이에 대한 해결 요구가 고조됐고, 일본 정부는 나포를 다른 현안들과 함께 생각하지 않겠다는 방침을 바꿔 자국의 어부 석방과 오무라 수용소의 합법적 조치 카드를 꺼냈다.[91]

---

90 안소영(2010. 9), 「한일회담을 둘러싼 일본 정부의 정책결정」, 『일본학연구』 제31집, 단국대 일본학연구소.

91 일본 제23회 국회 참의원회의 예산위원회 제6호(1955. 12. 14), http://kokkai.ndl.go.jp/cgi-bin/KENSAKU/swk_dispdoc.cgi?SESSION=33281&SAVED_RID=4&PAGE=0&POS=0&TOTAL=0&SRV_ID=2&DOC_ID=28412&DPAGE=1&DTOTAL=39&DPOS=4&SORT_DIR=0&SORT_TYPE=0&MODE=1&DMY=36383(검색일: 2018. 11. 2).

이러한 일본 측의 태도 변화에 박차를 가한 것은 기시정권(1957.2~1960.7)의 등장이었다. 기시는 한·일 국교 정상화에 적극적이었고, 그가 조직한 관료들 역시 이 방침에 따라 협상의 해결 방안을 모색하기 위해 움직였다. 특히 이세키 유지로 아시아국장은 각 부처 간 조정을 통해 미·일 안보조약 갱신 문제, 재일 교포의 북송 등의 방향을 정하고 이를 기반으로 한일회담을 진행했다.

이런 방향 전환이 담긴 「교섭기본방침안」에는 '어업 문제 우선해결'이라는 종래의 방침을 바꿔 어업 문제의 진행에 관계없이 각 의제별로 교섭을 추진하되 청구권 이외의 현안에 대해 의견 일치를 보고 국교 정상화를 수립한다는 내용과 "1905년 한국 통감부 설치 이후 일본으로 유입된 한반도 출토 문화재 중 국유인 것은 인도한다"는 내용이 들어있다.[92]

실제 문화재 반환 협상도 이 방침에 따라 "어업 협상과 상관없이 문화재 반환 협상에 임한다"는 방향으로 전환됐다. 이때 본 방침이 정해진 가장 큰 요인은 당시 진행 중인 국제해양법회의와 미국의 압력, 그리고 한일회담 조속 타결을 원한다는 요망이 있었기 때문이다.[93] 실제 이 방침이 정해진 이후, 일본 정부는 그동안 협상에 응하지 않았던 자국의 문화재 관련 인물들을 회담 자리에 앉혔고 한일협정까지 문화재 전문가 회의를 이어갔다.

그리고 1960년 한국에서는 4·19혁명이 일어났고 뒤이어 박정희 정권이 등장하면서 회담은 더욱 속도를 냈다. 그리고 비협조적인 문부성 역시 정부 측의 강경한 태도로 협상 참석에 거부감을 풀면서 전문가들을 투입했고, 한일회담

---

92 일본 외교문서 1403 : 日韓全面会談に関する基本方針(案)(閣議了解案)(1960. 4. 11~4. 16).
93 일본 외교문서 1403 : 日韓全面会談に関する基本方針(案)(閣議了解案)(1960. 4. 11~4. 16).

문화재 반환 협상은 그때서야 전문가 회의로 진행됐다. 결국 1952년 초부터 언급된 문화재 반환 협상은 약 14년의 회담 기간 동안 겨우 1년여 정도의 논의로 정리된 것이다.

V. 결론

1. 문화재 반환 협상 결과에 대한 정리와 평가

1) 협상 결과에 대한 정리

문화재 반환 협상은 비록 한일회담의 타 협상 안건보다 중요도가 떨어지긴 했지만 약 14년간 지속된 장기 협상이었다. 또한 마지막까지 한국 측의 협상 능력을 시험하는 무대였던 점을 생각하면, 한국 외교의 전략적 차원에서 적극적으로 평가할 필요가 있다. 예비교섭부터 제1차 한일회담이 이어지는 동안 일본 측은 문화재 반환 협상에 소극적으로 응했지만, 한일회담이 진행되는 동안 일본은 1958년 문화재 106점을, 그리고 한일협정이 체결된 후에는 1,432점을 돌려줬다. 그러나 1958년에 반환된 문화재들의 질적 가치는 매우 낮은 것이어서, 1965년 당시의 가격으로 약 20만 엔 상당에 불과했고, 양적으로도 한국 사회가 만족할 만한 것이 아닐 정도의 수준이었다.[94]

한국 사회가 이에 반발하며 한일회담 중에도 일본 측의 성의를 요구하자, 1965년 한일협정 이후 돌려준 문화재들은 1958년의 것들보다 양적으로도 질

---

[94] 예를 들어 부서진 하나의 문화재의 파편을 각각 하나의 문화재로 계산하는 수준이었다.

반환 청구한 품목(1962. 2. 28)		반환(인도)받은 품목(1965. 5. 28)	
구분	품목수	구분	품목수
조선총독부 반출 고분출토품 (도쿄박물관, 도쿄대학 소장)	689점	고고, 미술품(국유) 등(1934년 조선총독부에서 도쿄박물관에 이관)	
조선통감 및 총독의 반출품 (고려도자기 103점, 서화 245점, 불상 8구, 전적 1,015점)	1,371점	경남창녕교동출토품 등 106점, 통감 및 총독에 의해 반출되고 이토 히로부미가 일왕에게 헌상한 103점 중 97점(1907년 제실박물관에 소장된 이후 도쿄박물관에 이관됨, 일본 서류에는 90점으로 기록되어 있음), 일본국유 경북소재 분묘와 고려시대 개성부근에서 출토된 금속제품·경감·사리유물 등 322점, 강원도 강릉에 있던 석불좌상 3점 등 포함	544점
일본국유의 분묘 출토품 및 체신문화재(도쿄박물관, 체신박물관 소장)	758점	기타 개인소장품 포함 전적(국유) 소네통감 장서, 총독부 장서	852책
일본 지정 문화재 중 오쿠라 개인 소유	80점	체신품목(일본 체신박물관에 보관)	36점
기타 개인 소장품 중 「오쿠라 외 3인」	1,581점		
계 4,479점[95]		계 1,432점	

---

[95] 이 문화재의 수량은 검증할 필요가 있다. 1962년 2월 28일, 한일회담에 참석한 한국 측이 반환 대상 문화재의 목록을 일본 측에 제시했다는 기록은 있지만, 구체적인 목록 그 자체는 현재까지 발견되지 않고 있다. 한국 문서와 일본 문서 모두 이에 대한 상세한 기록은 찾을 수가 없는 상황이지만, 4,479점이라는 수량은 신문의 보도로만 확인된다(「返還要求文化財目錄提示」,『동아일보』1962년 3월 1일자). 현재까지 한국 정부가 이 수량만큼의 목록을 제시했다는 것은 명확한 자료를 찾지 못한 채 신문 보도로만 확산된 오류일 것이다. 이에 대해서는 일본의 시민단체 '일한회담 문서·전면 공개를 요구하는 모임'의 사무국 차장을 맡았던 이양수 선생님의 지적으로 확인됐다.

적으로도 가치가 있는 것이었지만 일본 국유의 문화재만을 대상으로 반환을 하거나 일본 개인이 소유하거나 혹은 기업이 소장한 것, 그리고 대학에 소장된 것들은 반환 대상에서 제외하는 등 여전히 한국사회가 만족할 만한 것들은 아니었다.

〈표 14〉는 한일회담이 마무리되는 단계에서 한국 측이 요구한 문화재들의 목록과 최종적으로 결정된 반환 문화재들의 내용을 정리한 것이다. 양적으로 볼 때 한국 측이 요구한 문화재들의 약 4분의 1 정도의 수량이 반환됐고, 주로 국립박물관에 소장된 것이 대상이 됐다. 도쿄대학이나 교토대학 소장품들이나 개인이 소유한 문화재들은 전혀 반환되지 못한 것을 확인할 수 있다. 물론 한국 측이 협상을 끌고 나갈 자료와 전문가의 부족에 시달리는 상황에서 최선을 다한 협상이었다고 할 수 있지만, 지금까지 한·일 간에 문화재 반환 문제가 끊이지 않고 발생하는 것을 보면 당시의 협상 결과를 한국 사회에서 수용하기에는 무리가 있다고 하겠다.

2) 협상 결과에 대한 평가

한일회담 문화재 반환 협상 결과에 대한 평가는 다음과 같이 정리할 수 있다.

첫째, 본 협상이 진행되면서 1958년 처음으로 일본이 한국 측에 106점의 문화재를 반환한 것은 비록 그것이 '반환'의 형태도 아니고, '문화재'의 이름으로 돌아온 것도 아니지만, '일본에서 한국으로 문화재가 돌아왔다'는 전례를 남겼다는 점에서 중요하다. 이것은 한일회담이 진행될 당시의 국제적 추이를 볼 때에도 보기 드문 결과로 과거 제국주의를 표방해 식민지를 지배했던 종주국과의 협상에서 일정 부분 성공한 몇 안 되는 사례이다. 한반도에 들어와 외

규장각 문화재들을 탈취한 프랑스의 경우에도 아직까지 한국에 문화재들을 반환하지 않고 있는 것을 볼 때, 일본으로부터 문화재를 반환받은 것은 평가받아야 할 일이다. 더욱이 한일회담이 개최되기 전후에 한국전쟁으로 한반도 전체가 혼돈에 빠져 있었던 것을 감안할 때, 14년의 회담 진행 그 자체에 의미를 둘 필요가 있다.

둘째, 한일회담에 대한 한국 측 성과는 어느 정도 인정받을 수 있지만, 내용 면에서 볼 때에는 아쉬운 부분이 많았음을 말하지 않을 수 없다. 우선 한국으로 돌아온 문화재들의 가치가 매우 낮았다는 점, 그리고 '반환'이라는 용어를 포기한 점, 더불어 일본 개인이 소장한 문화재에 대해서는 아직까지 아무런 성과가 없다는 점 등은 지금까지도 한일 간의 현안으로 남아있다.

이러한 협상 결과에 대해 한국 사회에서 비판적인 목소리가 많았다. 예를 들어 초대 국립중앙박물관장을 역임하고 한일회담 문화재 반환 협상에도 참석한 바 있는 김재원의 경우, 1961년 7월 한국 측에서 '반환'의 형식이 아닌 '인도'의 형태로 문화재를 돌려받는 것으로 기본방침을 정하고 결국 일본과의 합의에서 '인도'의 방식이 결정되자, 이에 대해 맹비난을 쏟아냈다.

또한 특히 일본 측 문화재 전문가들이 한국 측의 문화재 반환 요구를 받아들이기 보다는 자신들의 입맛에 맞는 문화재들을 반환 대상으로 선별하고 건넸다는 것은 본 협상에 한국 측 요구가 얼마나 수용됐는가에 대한 의문이 드는 대목이다. 예를 들어 1965년 4월에 있었던 한·일 간 교섭 내용을 보자. 한일협정이 체결되기 2개월 전, 문화재 반환 협상 자리에서 일본 측은 자신들의 주장대로 반환 대상을 정하고자 강한 어필을 했다.

미야치 대표는 "일본 측은 안을 내놓은 뒤에도 다시 추가로 하나 더하고 둘 더하는 식이 아니라 이것만 내놓겠다는 안을 제출한다는 의미이다"고 대답했다. 방 대표는 "협의할 텐데 최종안이라는 말은 이상하지 않은가?"고 말하자 그에 대해 하리가이 대표는 "일본 안을 낸 다음 한국 측 의견도 듣고 서로 논의하는 것이 협의이며, 지금 열리고 있는 회의도 협의가 아니겠는가?"고 대답했다. 또 이 대표가 "품목에 대해서는 원만하게 합의하여 정했으면 하니 전문가 간의 비공식 회의를 열었으면 하는 바람도 있다"고 말하자 미야치 대표가 "요컨대 일본 측은 찔끔찔끔 내놓지 않겠다는 의미이다"고 말한 데 대해 방 대표는 "일본 측의 의중은 대체로 이해했다. 최종안에 방점이 찍혀 있다"고 말했다.[96]

위의 인용문을 보면, 미야치는 이미 문화재 반환 목록을 결정했고 더 이상의 추가 반환은 없다고 주장하는 반면, 한국 측은 "협의할 텐데 최종안이라는 말이 이상하다"며 의견을 조율하고자 하고 있다. 그러나 미야치는 단호하게 이를 거절했다. 실제 미야치가 제시한 목록에서 크게 벗어나지 않는 선에서 문화재 반환은 결정됐다. 이러한 과정을 볼 때 한일회담 문화재 반환 협상은 일본이 주도를 하고, 한국이 그 주도권을 견제하면서 자신들이 취할 수 있는 최선을 선택한 것으로 평가된다.

마지막으로 한일회담 전반에 대한 비판 중 가장 큰 것이 북한을 제외하고 개최한 점인데, 문화재 반환 협상도 이 비판에서 자유로울 수 없었다. 특히 일본학계를 중심으로 친한파 그룹은 한일회담을 북한을 배제하고 진행했다는

---

96   일본 외교문서 457: 「第7次 日韓會談 文化財委員會 第2回會合」(1965. 4. 28).

점에 강한 불만을 표시했다. 하타다 다카시의 경우, 한·일 간의 식민지 지배 청산의 문제를 논하는 것은 한반도의 분단을 인정하는 결과로 이어진다는 비판을 한 것이다. 그러나 당시 한국 정부는 '한반도의 유일한 합법 정부'임을 내세우는 입장이었고, 미국 역시 한일 간 국교정상화의 시기를 더 이상 늦추지 않겠다는 의지가 강했기 때문에 북한과의 문제가 해결되지 못한 채 지금에까지 이어졌다고 할 수 있다.

2. 향후 문화재 반환 협상을 위한 외교전략의 방향

1) 한·일 간 문화재 반환 협상전략을 위한 제언

한일회담 과정에서 한국 측 요구가 많은 부분에서 성과를 내지 못한 것은 아쉬운 일이지만, 한일회담에 대한 분석이 향후 한·일 간 문화재 반환 협상 전략에 도움이 되는 것은 말할 필요도 없을 것이다. 물론 한일회담 당시와 현재의 상황이 매우 다르기 때문에 1965년에 체결된 협상 조건을 기반으로 하지는 않겠지만, 앞으로 있을 북한과 일본과의 국교정상화에서 한일회담의 협상 사례는 반드시 참고되어야 할 부분이다. 그런 의미에서 향후 일본과의 문화재 반환 협상을 위한 제언으로 가장 중요한 몇 가지를 기술하고자 한다.

첫째, 한일회담 당시와는 다르게 현재 한국 학계의 수준으로는 일본 내 문화재 소장 여부를 어느 정도 파악할 수 있다. 비록 개인이 소장하고 있는 것을 찾아내기는 어렵지만, 최소한 대학 내 소장된 문화재들의 반환은 시도해볼 만하다. 다만, 일본의 대학들은 한일회담 당시와 마찬가지로 '대학의 자율권'을 주장하며 한국으로의 문화재 반환을 거부할 것이다. 이 점에 대한 해결책은 다양하게 모색되어야 하겠지만, 최소한 일본 내 한반도 반출 문화재에 대한 자료 수집은 가능하기 때문에 기대할 만한 결과를 얻을 수 있을 것이다.

둘째, 민간인 차원에서 연구 교류를 통해 일본과의 신뢰성을 회복해야 한다. 현재 한·일 간 문화재 관련한 신뢰도는 쓰시마 불상 절도사건 이후 매우 떨어져 있다. 2012년 10월에 시작된 쓰시마 불상 절도사건은 현재 범인들이 만기 출소를 한 상황임에도 불구하고, 여전히 미제의 현안으로 남아 있다. 일본에서는 한국 사법부가 1심 판결에서 일본으로의 반환을 보류한 상황을 보고, '불법의 나라 한국'이라는 비판을 강하게 표출하고 있다. 실제 2017년 '제5회 일·한 공동 여론조사'에 따르면, 일본인 26.9%만이 한국에 대해 좋은 인상을 갖거나 혹은 좋은 인상 쪽을 선택한 것으로 알려져 있다. 그러나 일본인 48.6%는 한국에 대해 좋지 않은 인상을 갖고 있고, 그의 가장 큰 이유는 역사와 영토 문제로 일본을 많이 비판하기 때문이라고 답했다. 한국도 일본도 과거사의 굴레에서 자유롭지 못한 상황임을 보여주는 것이다. 그렇기 때문에 먼저 양국의 신뢰 회복이 우선되어야 할 것이다.

셋째, 앞으로 일본과의 협상에는 반드시 전문적 사전 점검이 필요하다. 자료 확보는 물론이고, 전문가들의 의견을 다양하게 검토할 필요가 있다. 한일회담 당시에 참석한 한국 측 전문가들은 미술이나 역사 분야에 국한되어 협상에서 거론되는 문화재들의 분석에 애를 먹었다. 앞으로 한일회담의 개정이나 혹은 또 다른 협정을 맺어 일본의 한반도 출토 문화재를 가져올 때에는 충분한 시간을 갖고 전문가 양성과 배치를 미리 준비해야 할 것이다.

넷째, 문화재 반환 협상 전문 외교관의 양성이 필요하다. 외교부의 특성상

한 나라를 전문적으로 다루는 인력이 부족하고 한 사람이 여러 나라에 근무하는 일이 많아 일본과의 문화재 반환 협상 관련 전문 외교관을 배치하기는 어려울 것이다. 그러나 최소한 전임자의 선행 업무 자료의 확보와 데이터베이스 구축은 충분히 가능한 일이라고 생각한다. 이러한 기반이 확보된다면 담당자가 이동했을 때도 큰 무리 없이 대응책을 마련할 수 있을 것이다.

2) 북·일 간 문화재 반환 협상에 대한 전망

북한 지역 유래의 문화재 반환 협상 과정

한일회담 당시 일본 정부는 북한 지역에서 출토된 문화재의 반환에 대한 결정을 유보했다. 공개된 한일회담의 외교 사료에는 북한 지역 출토 문화재에 대한 반환과 관련해 일본 측이 전혀 응하지 않고, 백지 상태였다는 기록이 남아 있다. 아래에 일본 측 관련 자료를 참고하자.

(4) 문화재

문화재에 대해서는 '반환할 의무는 없다'는 법률적 논리에서 일본 측이 '인도'라는 표현을 쓰고 ─ 한국 측은 일본이 탈취한 것을 '반환'을 선택했다 ─ 청구권 문제와 직접적으로 관계가 없는 것이 되었다. 한국 측이 37년(1962년 ─ 인용자 주) 2월 28일에 제출한 '반환청구 한국 문화재 목록'에는 '조선총독부에 의해 반출된 것'에 낙랑 고분의 출토품을 게기(揭記)했고, 또한 '고려시대 분묘 그 외 유적에서 출토된 것', '체신 관계 문화재' 등이 명기되어 남북으로 나뉘지 않는 것이었다. 사학자인 한국 측의 이홍직 대표는 학문적 견지에서 낙랑 출토품이나 북조선 출토품도 꼭 돌려받고 싶다고 하였고,

또한 일본 측 학자 중에서는 '건네줘도 좋다'라고 한 인물도 있었지만, 외무성으로서는 증여라고 해도, 남조선 출토품에 한하여 하고 싶다고 끈질기게 주장해, 문화재·문화협정 부속의 인도 리스트에는, 북에서 나온 것은 우편국의 날짜가 찍힌 것에 이르기까지 넣지 않고, 결국, 문화재 인도는 북조선 출토품은 블랭크로 처리됐다.[95]

한일회담 당시 외무대신이었던 오히라 마사요시 역시 북한과의 협상에 대해 당시 일본의 입장을 다음과 같이 말하고 있다.[97]

4. 북조선의 문제

야나기야　　일한교섭에서 청구권 문제나 어업, 법적 지위 문제가 조선반도의 또 하나 북조선이 있지 않은가 하는 논의가 있고, 이에 대해 국회에서도 힘이 들었던 적이 있으시죠.

오히라　　베트남도 중국도 독일도 마찬가지이지만, 그런 나라들은 국제법이 나온 다음에 생긴 분열 국가로서 지금은 그것을 조정할 국제법이 없고, 할 수 없이 한쪽만으로 국교를 맺을 수밖에 없다. 한쪽과만 맺은 이상, 다른 한쪽과는 관계를 맺지 못하는 것도 좀 그렇긴 하지만, 서로 원수가 된 것은 제2차 세계대전이 낳은 괴물이므로 이것을 어떻게 해보라고 해도, 일본의 힘으로는 불가능하다. 그러나 우리는 가능한 것을 가능한 범위에서 하는 일이라, 남북 문제는 조선 민족의 일로, 우리가 뭐라고 할 수 있는 것은 아니다. 그런 논의를 정색하고 달려들어 상대하는 것은 피곤한 일이

97　일본 외교문서 7: 「柳谷謙介 日韓交涉における北朝鮮問題」(1971. 12).

다. 그런 것은 재미없는 일이야.

야나기야　　반복해서 여러 질문이 있길래.

오히라　　그래서 내가 '백지입니다'고 하지 않았는가. 정말로 이것은 조선 민족의 문
제로 우리의 문제는 아니다. 일본인은 오지랖이 넓어서 자신의 앞가림도 못하는 주제
에 다른 사람 걱정을 한다. 조선도 중국도 베트남도 다 같지만, 서로들 하나가 된다면
내일이라도 당장 교류하지 않으면 안 되지 않을까 하는 생각이 든다.[98]

　　위의 인용문을 보면, 한일회담 당시 일본은 북한과의 협상에 대해 능력 밖
의 일이라고 판단할 뿐 아니라, 이에 대해서는 아무런 계획을 세우고 있지 않
다고 주장했다. 특히 한반도의 분단 상황을 고려할 때 "조선 민족의 문제이므
로 일본이 관여할 수 없다"고 판단해 이를 근거로 일본 측은 북한 지역 출토
문화재를 한국에 넘길 수 없다고 한 것이다.

　　일본의 이런 판단은 세월이 흘러 최근에 와서 다시 한 번 주목받고 있다. 그
것은 일본 외무성이 한일회담 관련 외교 사료를 부분적으로 공개했고, 그 이유
는 앞으로 있을 북한과 일본의 국교정상화 교섭을 위해 고의적으로 숨겼다는
문제가 대두됐기 때문이다.

　　2014년 일본의 시민단체인 '일한회담 전면 공개를 요구하는 모임'이 일본
정부를 상대로 한일회담과 관련된 문서를 공개하라는 소송을 벌일 때, 증인으

98　일본 외교문서 4: 「日韓交渉の回顧―大平元大臣に聞く―」(1970. 5).

로 출석한 일본 외무성 북동아시아과장인 오노 게이치(小野啓一)가 일본 정부를 대신하여 도쿄고등법원에 진술서를 제출했다. 이 진술서에는 일본 정부가 한일회담 관련 외교문서 중 일부를 아직 공개하지 못한 이유로, 첫째, 한국 정부 및 한국 국민에게 알려질 경우 양국 관계가 악화될 것을 우려하기 때문이고, 둘째, 북한과의 문화재 반환 교섭을 예상하고 이에 대한 대비를 위해 외교문서의 공개를 거부할 수밖에 없다는 내용이 있다. 이 소식을 접한 한국 사회는 일본에 대해 비판의 목소리를 냈지만, 일본 입장에서 볼 때에는 한일회담 당시 북한과의 국교가 이뤄지지 않아 문화재 교섭에 대해 '백지'상태였기 때문에 북한과의 국교 성립 이후 일본 정부가 담당할 청구권 및 문화재 반환은 커다란 부담으로 남아 있음을 여실히 보여준 일례라 하겠다.

향후 북·일 간 문화재 반환 협상에 대한 전망

한일회담 당시 일본은 북한과 문화재 반환 협상을 별도로 진행하겠다고 결정했으므로, 향후 이 문제는 북·일 국교정상화의 진행에 따라 현실적 문제로 대두될 것이다. 중요한 것은 비록 일본이 한일회담 당시 북한과의 협상을 배제했지만, 북한 측은 이미 당시부터 일본과의 협상을 염두에 둔 활동을 시작했었다는 것이다.

2018년 10월 21일에 한국 국외소재문화재재단의 주최로 열린 국제학술대회 '문화재로 이어가는 한·일의 미래'에서 일본에 소재한 조선대학교 강성은 교수는 1962년 12월 13일 북한이 한일회담을 비판하며 남·북·일 3자 회담을 통해 협상이 진행되어야 한다는 주장을 다시 한 번 상기시켰다. 그리고 1964년 3월 20일 조선민주법률가협회의 성명을 소개하며 북한이 '조선 통일 이후

조·일 양국의 국민의 이익을 위한 협상'과 '남·북·일 3자 회담'을 주장했다고 밝혔다. 이러한 북한의 의지는 지금까지도 일관된 모습을 보이는데, 2002년 9월 17일 '조·일평양선언'에서도 북한이 "재일조선인의 지위에 관한 문제 및 문화재 문제에 대해 국교정상화 협상에서 성실한 협의를 하겠다"는 의지를 나타낸 적이 있다.

강성은 교수는 최근의 한반도 평화프로세스 과정을 볼 때, 한반도의 역사적인 상황은 민족공조의 힘, 즉 "조·일 국교교섭에서 문화재 반환 문제를 포함한 과거 청산의 문제는 남북이 연계해 나올 가능성이 있다"고 주장했다. 그리고 이러한 주장의 근거로 첫째, 2005년 일본으로부터 북관대첩비를 반환받은 한국 정부가 2006년 북한으로 이것을 인도한 점, 둘째, 2009년 평양에서 '조선왕실의궤' 반환 촉진 요구를 위한 남북 합의서를 체결한 점, 셋째, 2018년 4월 27일 남북정상회담 결과 설명 자료에도 '겨레말 대사전 편찬사업'과 '개성 만월대 발굴 조사 재개'를 선언한 점, 넷째, 2018년 9월 19일, 평양공동선언(3·1운동 100주년)을 발표한 점을 들었다.

이상의 결과로 볼 때, 북한은 일본과의 문화재 반환 협상을 철저하게 준비할 것이고, 이를 위해 한국에 협력을 요구할 것으로 보인다. 한국의 외교부는 이러한 상황을 기반해 지금부터라도 문화재 반환 협상을 위한 전문가를 외교부 내에 배치하거나 혹은 정기적인 협상 전략팀을 구성하는 것이 시급하다. 한일회담 당시와는 다른 철저한 준비만이 앞으로 있을 한반도와 일본과의 외교 협상에 열쇠가 될 것이다.

부 록

| 관련 자료 |

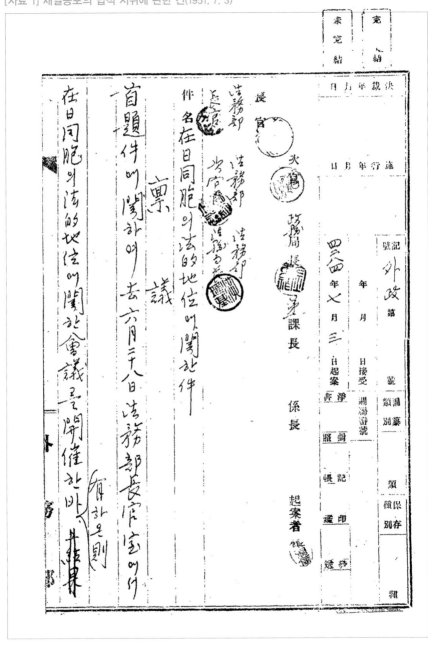

二. 結論

八. 그럼으로 當面한 問題로 要求되는 것은 在日同胞의 法的地位에 關한 問題를 駐日代表部를 通하야 SCAP書局과 交涉케 하여 在留同胞는 全部가 大韓民國의 國籍을 갖고 있다는 것을 左記의 論據에 依하야 SCAP이 確認토록 할 것.

乚.(一) 포쓰담宣言에 依하야 이미 基은 韓國에 대한 主權을 抛棄하엿음으로 韓國民은 韓國의 主權을 回腹復한 大韓民國의 國民이며 따라서 在日同胞도 大韓民國國籍 및 大韓民國의 籍法에 依據하야 大韓民國의 民인 것이다

(二) 過去 帝政時에 日本은 日本國籍法을 韓國人에는 適用하

지 않었다.

(三) 一九四九年 十月二十日에 UN總會에서 決議된 大韓民國政唯

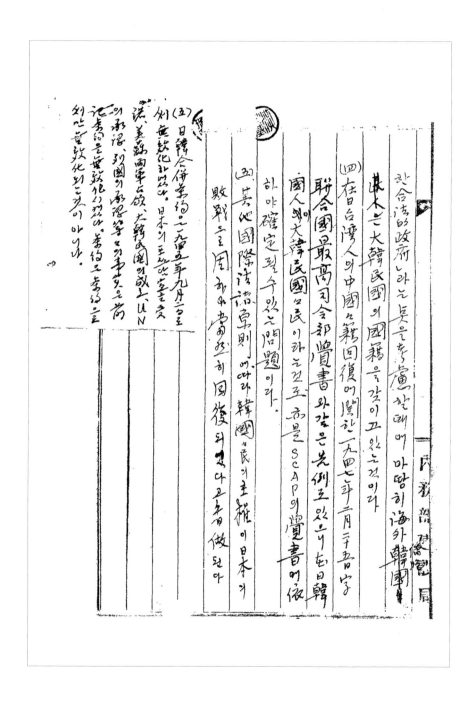

연합적的政府라는 것을 考慮한데에 마땅히 海外韓國

民議院圖書館

（四）在台灣人의 中國으로 籍回復에 關한 一九四七年二月二十五字

韓國은 大韓民國의 國籍을 같이고 있는 것이라

聯合國最高司令部 覺書와 같은 先例도 있으니 韓日

國人에 大韓民國國民이라는 것도 SCAP의 覺書에 依

하야 確定될 수 있는 問題이라.

（三）其他 國際諸原則에 따라 韓國國民이 主權이 日本기

敗戰으로 因하야 當然히 回復되었다고主장做되다.

（五）日韓合併条約 二九五五年九月二二로

에 無效化되었다. 日本기主장하는조去交

漢, 美露 兩軍占領, 大韓民國의敵上, UN

에承認, 列國의承認等으로 事去은前

記事項을無效化시켰다. 条約으로条約을

쳐는 無效化되는것이아니라.

在日同胞의 法的地位에 關한 會議錄

一. 時日 檀紀四二八四年 六月 二八日 午後 二時

一. 場所 法務部 長官室

一. 出席者

外務部長官 六樂泰氏

外務部次官 曹正煥氏

外務部政務局長 金東祚氏

法務部長官 趙鏞滿氏

法務部次官 金潤根氏

法務部法務局長 洪璡基氏

一. (會議) 狀況

八. 在日惡質共産分子의 排强制造 遣還問題之 除外

　　外務部

하고 다만 在日同胞의 法的地位問題는 檢討하기로 한

日本政府(乃至 SCAP)의 大韓民國政府承認
問題와는 別途로 다만 在日同胞가 大韓民國
의 國民이라는 것을 SCAP이 認定하고로 左記의
論旨에 依據하여 主張할것.

(1) 또 쓰담宣言.

(2) 새로운 韓國에 있어서 大韓民國이 唯一한 合法的
政府라는 襄UN의 決議

(3) 帝政時에 日本國籍法은 韓國人에는 適用치않
었었다는 것

(4) 大韓民國의 憲法및 韓國籍法

(5) 其他國際法

3. 一九四九年 三月 三日字「在日韓國居留民의 法的 地位

確認要請에 關한 駐日代表의 書翰에 對한 SCAP

의 回翰을 檢討할 것.

4. 日本側에 在日同胞를 大韓民國々民으로 認定치

않으려는 主要한 理由는 三·八線으로 因하야

國土가 兩斷되여 있느냐 없느냐라는 것. 따라서 國民의

國籍問題를 어떠게 國家를 承認하기 전에 어떻

헐수 있겠는가 하는 듯.

外務部

附錄

對日賠償要求一覽表

對日賠償要求一覽表

第一部　現物返還要求之部

項目	目	數量	添附說明書號數	備考
一、地金		二五九、七〇〇、〇〇〇瓦	一號	國寶等으로 民間賣買上
二、地銀			"	
三、書籍	一、蓬左文庫所藏朝鮮書目	二三一種	二 "	冊數之說明書에表示
四、美術品及骨董品	(一) 日本帝室博物館所藏雖國美術工芸品	八二七 外	三號	
	イ、歷史部	四五六 "		
	(ロ)美術部	三四九 "		
	(ハ)工芸部	一大 "		
		九一 "	"	

項目	数量	添附説明書号数	備考
（二）韓国古美術品個人占有調書	二一種		
（三）公州百済時代美術品個人占有者調書	多量		
（四）東京帝室博物館所蔵韓国美術品広口壺其他	九四種		
（五）東京大倉集古所蔵韓国美術品	一〃		
（六）日本各地所在韓国鐘目鍾	五〇〃		
（七）在東京戸田利兵衛所持韓国古美術骨董品	五二〃		
（八）園田裕所蔵夢遊桃源図	九改		
（九）国宝鉄彩白絵唐草文瓶	一個	〜四号	価格換算은 帳簿価格
五．船舶　（一）在日韓籍船舶	二〇隻（一九七三一、〇〇〇円）	〜四号	
（二）一般漁船	一〇隻		全部沈没함

（四三二、六九〇〇〇円）

	(三) 特殊漁船	一〇八隻 (八三六、七〇五、〇〇〇円) ([illegible]弗)		
	(四) 海運貨物船	([illegible]五六七〇〇、〇〇〇円) (一、八四一、七八四、[illegible]弗)		大部分沈没
	(五) 韓国軍艦	三隻	五号	強奪品
六 地図原版				
	(一) 百万分之一韓国全土白版原版	一枚	大号	
	(二) 韓国全土百万分之一地質図原版	一〃	〃	
	(三) 全二十万分之一原版	六五〃	〃	
	(四) 全五万分之一地質図原版	六一〃	〃	
	(五) 朝鮮各地五万分之一地形図原版		〃	枚数未詳
	(六) 全二万五千分之一原版	一四四〃	〃	
	(七) 全万分之一原版	五二〃		
七 其他				

項目	數量	添附說明書号數	備考
(一) 朝鮮側銀行海外店	(一九・二九六・… 弗)		帳簿價格 動産은 金庫임
(一) 舖動産丁動産			
(二) 朝鮮電業會社康 京支店舍宅関係(	(一九四・〇〇〇 円) 罢・五壹 弗)	八号	〃
(三) 全壜津江發電所 二號發電機	一台	〃	
(四) 京城電氣會社庁 支占備品	(五・四〇八價弗) 二二・〇三九円	〃	

(現弗總計 二・二〇九・一九五・四五七弗)

第二部 確定債權

一 日系通貨

二 日系有價證券

三、上海幣・貨

四 保險金 恐怕 其也未收金

五 遞信關係特別計定

第三部 中日戰爭與太平洋戰爭中壓迫한人的物的被害

一 人的被害

二 物的被害

三 八・五前後日官吏不正行爲에依한損害

第四部 日政府의低價收奪에依한損害

强制拒出에法한損害

要求總額 (第一部除外)

一七四二九、三六二、三〇五

一五四一三四 〇九八

七四二五一〇三 九四二

(¥ 四〇〇〇〇〇〇〇)

二〇四三 五〇六 七四四

七四三六 六一七 五二一

二一三二六 〇二二 一〇五

二三一 五八五 二一五

二二一二二 五六二

五六五一二五二一

三一四〇〇、九七五 二〇三 (円貨)

一八四八、八七五 四三七 (帶貨)

萬七三七二二〇九七八

非　賣　品　禁　無　斷　轉　載

檀紀四二八七年八月十五日

發行人　大韓民國
　　　　外務部政務局

中央廳謄寫室　印刷

秘密指定解除
情報公開室

松本審議官
大野参事官
アジア局長
アニ課長
次官に他か一部

金公使との会談要旨

二九一九　千葉参事官

沢記

二月開催予定の日韓交渉開催日取についての当方意向を伝達す

る為一月九日午后四時金公使を訪れたが同公使は十二日先方代

表一行と共に帰任の予定で十日(翌日)急に釜山へ赴くことにな

つたとのことであつたので別められるまま約一時間話合をした。

よ其の際の金公使の述べた要旨左の通り報告する。

記

一、井口事官に対する新任挨拶

九日朝忙しい中を二十分余り割いて貰つたのはありがたく思

つている。次官は懸案解決を速やかになすべき意向を述べら

れ極めて満足な会見であつた。

二、二月交渉開始日取の件

三、二月十五日開始、三月末迄に秘末をつけようとの日本側の提

外務省

案は賛成であるが釜山で政府の意向を確め十四日には回答出来るると思う。も少し早く始まるのではないかと思つていたが別に反対は予想していない。

二、韓側代表顔ぶれの件

昨年梁大使帰任の際の打合せでは二月にはエキスパートを必要数帯同するが主席代表は梁大使とし、梁大使差支えあるときは自分とすることになつて居りその後変更はなく釜山から別に例えば外務長官が来るというようなことは考えられていない筈である。松本顧問に梁大使の来否は確かでないと言つたのは会議が二月早々開かれるとして梁大使がその初めに間に合うかどうか不明であるためであるが、二月十五日ならば来られるのではないかと思う。何れにしても同大使の参列は間違いないと思う。この点も釜山で確めた上改めて回答する。

四、会議における用語

外務省

（日韓両国語を用いようとの千葉の提案に対し）金自身の意見では韓側としては司令部のオヴザーヴァーの参加を希望すると思われる外米大使は日本語を解せず英語に長じている事情から従来通り英語を正式とすることが好都合と思われるがこれも韓側の意見を繼め何れ囘答したい。（千葉より司令部オヴザーバーの件は日本側としては希望せず日韓両国間の会議にはもはやその必要はない旨及び司令部も参加の意向はない旨の旨述べたところ、金公使は用語は日韓英何れを使うも自由ということにするのも一楽であろうと答えた。）

島のよいん
はこまる

文化財返還の件

日韓間の空気をよくする更に一つの案として松本顧問にお話
したいと思つていたことは終戦前にも又終戦の直後にも韓国か
ら日本に持ち込まれた韓国としては国宝と考える古美術品、譽
籍、歴史上の参考品等についてであるが、これ等の返還につい
て考慮が得られるならば韓国に対する友誼的ジェスチャーとし
てそのものの金銭的価値に比較出来ない大きな効果があろうと
考える。同種類のものは掠奪財産として他の諸国には返されて
いると承知するが日本側として大した犠牲を拂うことなく善処
出来ることと考えるので考究願いたい。

韓国人の韓側登録の件

在留韓国人が永住を希望する場合韓国ミッションの証明の
ることを条件とすることになつたのはありがたいがこれが実施
には相当の日数を要し、色々困難もあろうと思うが日本側の授

外務省

Annex II

Principles of the Draft Agreement on the

Disposition of Property Claims between the

Republic of Korea and Japan

Proposed by the Korean side on Feb. 21, 1952

The Government of the Republic hereby requests the Government of Japan

1. to return the classical books and documents, art objects, curios, other national treasures, map negatives and gold and silver bullions taken away from Korea,

2. to repay the obligations and debts of the Government of Japan to the Government-General of Chosun as of August 9, 1945,

3. to return the monetary accounts transferred or remitted from Korea or and/or since August 9, 1945,

4. to return the properties in Japan of the juridical persons with head offices in Korea as of August 9, 1945,

5. to repay the national/or public bonds and the Bank of Japan notes, issued by the Japanese authorities, in possession of Korean nationals and/or juridical persons, the Japanese obligations to the conscripted Korean laborers and other claims of Korean nationals or its juridical persons to the Government of Japan and/or her nationals.

6. to recognize the legality of the Korean natural and/or juridical persons' ownership of the shares or other securities issued by Japanese juridical persons,

7. to return all the interests as have been or will have been yielded by the afore-mentioned properties and/or claims and

8. to put into execution all these above-mentioned returns and repayment of accounts relating to obligations within six months at latest after the conclusion of this Agreement.

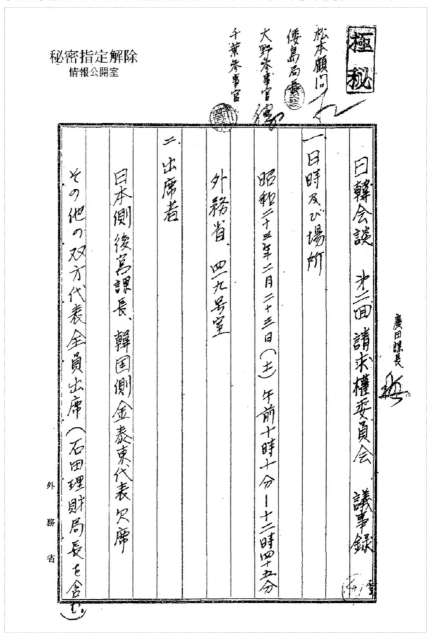

秘密指定解除
情報公開室

極秘

日韓会談 第二回 請求権委員会 議事録

廣田課長

一日時及び場所

昭和二十三年二月二十三日（土）午前十時十分—十二時四十五分

二 出席者

外務省、四九号室

日本側後宮課長、韓国側金泰東代表欠席

その他の双方代表全員出席（石田理財局長も含む）

松本顧問
倭島局長
大野参事官
千葉参事官

外務省

三、議事

大野代表より、先日の第一回請求権委員会におけ
る貴方御提案について、本日、御説明を承ることになって
いる、と述べれば、

林代表は、詳細な法理論的説明は後に行うと
して、提案の各項につき順を追って説明を申上
げるが、この順序は、便宜上のものである、と述べ

（文化財・地金銀の返還）

(一)沖一項　具体的な材料については後にして、原文

の概念のみ説明するが、韓国側としては、この請

求については経済的、商業的価値よりも、文化的、

軍事的筆の意味に重点を置いているので、この点、

も是非考慮されたい。請求の法的根拠については

かゝる財物が

後述するが理由としては不自然な方法、即ち、奪

外務省

取の如き、意に反して搬出されたということである。

（林代表は、更に詳細な説明を一項づつ行った方が

良いか、と質問したが、大野代表は、一応、全部につ

いて説明を要求した）

(二) 第二項（対朝鮮総督府員債勘定の決済）これは、郵

便年金、貯金勘定等が未決済（昭和二十年八月九日

以後）であり、駐韓米軍政府を経由して韓国が

外 務 省

しかし、我々は、そのような過去の不愉快な記憶に

由来する様なものを要求しようとしているのではない。

今回の要求は、平和条約第四条に基くものである。

ただ、第四項平和条約第四条を基本とはするが

第一項(韓国側提案要綱)では法的よりは政治

的折衝を要求したい。法的にも、一九四七年六月

十九日の対日基本政策に掲げられている牧奪財

(役案委員会)

産に対する賠償といったような論もあるが、韓国

としては、特に関心を持たなければならないような国

宝的古書類が日本に持去られているのを、返還し

て欲しいというのであり、終戦後、日本がその国策と

して、これらの財宝を返還しているのであるから、我々

にも返還して欲しいと云うのである。

地図原版は、これが朝鮮総督府の予算で作

（から出した）

外務省

襲されているからである。

地金、地銀、朝鮮銀行の兌換準備として持って

いた金が数回に亘って日本に搬出された。新生の

韓国の財政的基礎を作るために、これらの金が必

要である。

沖項は、我々がこれらのものの返還を、権利として

要求する前に、日本側で、終戦後の、各国に対する

外務省

返還の例に從つて、我らに返還されるように願いた

いので、法的請求は、それが考慮されるかどうかが

明かになつた後で致したい。

大体、この要綱の討議は二段階に分れると思う。

（原則や法令の検討が行われ、それが了解を得てから）

第一段階で趣旨の説明があり、第二段階で数字

乃至事実についての説明が行われる、ということになる

と思う。

いるのであつて、第十五条なみの扱いをして欲しいのである。

林代表より、差上げた法文集は、内容については既に

御研究済とは思うが、これを見て戴けば、洪代表のいまの

説明がはっきりしてくると思う旨、附言があつた。

大野代表は、只今の説明で、貴案の考え方の概略

が分つたが、（例えば第一項について）説明のみではよく分らな

どういう風な考えであるか研究しかねるので只今の

い。古書類等と云つても、いかなるものを現実に云われる

外　務　省

のか、漠としていて、ピンとこないと述べた。

洪代表は、第一項については、リストを提出するつもりであ
（観念的）

り、他の項目についても、用意はあるが、第二項乃至第六項

（第五項を除く）については、日本法律（例えば、未拂金を積立て
（在外挱に關する判益既当のため）

るとか）が出されていると聞くが、我々には、日本の事情が分

らない。提案は韓国側が行うが、日本側にもっとよい

資料があると思う、と述べた。

林代表も、正確な資料によって討議したいから、隠すこと
なく、資料を提出されたい、我々も日本側の資料を見た
い、と述べた。

大野代表は、関係法令等を集めた参考資料を、大蔵
日本（再建整備法等）
省の方を通じて作成提出しよう、しかし、我々としても、資
問もしたいので、抽象的な討議では無益であるから、韓国
側の提出できるものは提出して戴きたい、と述べた。

外務省

洪代表から、これからの会議の運営はどうするか、という質問があったが、

大野代表は、我々の方から質問を行いたい、と述べた。

洪代表は、第一項についてはリストを提出するが、第二項については日本側の数字の方が正確であると思う。その他の項についても、日本側で数字を持っていると思う、と述べた。

外務省

頂載するのでないと、質問をすることもできないと述べ

た。

洪代表は根本原則に対する日本側の見解を聞

かないうちに韓国側の数字を出すことは（無）真来とは云え
（東京裏で）

ないにしても、どうかと思うと述べた。

林代表は、例えば第一項について日本側に返還を

する考があるかどうかを伺いたいと述べた。

外務省

大野代表は、例えば井〕頃にしても卒直に云って、見

当がつかない。大体、搬出された、という時期をいつから

にするのかが分らない。しかも、それを論じて行けば日本

台湾部に

が領有していた様なことを云わなければならぬ。

貴方の、この問題に関する考えなり立場なりを述

べられ、何々だから何々であると云って戴かないと、正確

な議論にならないと述べた。

外務省

洪代表は、時期を手してないのは オ一項のみであり、

これは、韓国側が真識的にそうしたのである。この点

は、更に政治的に考えて、載いて、太平洋戦争中と

限うるも日韓親善に有効と思われるものは一切

返還されたい。日韓間に戦争状態があったとか無か

つたとかの議論をせず、昨年末の上層部間の話もあ

つたことであるから、フレキシブルに扱いたいと述べた。

オ一項の問題は、

外 務 省

大野代表は、御話の気持も分るが、かりに第一項を例

にとると、遺物の現在の所在が分からなければ、上層部間の（国有か私有か）（財政的な会計も）

話合いで返還すると決つたにしても、私人から取立てる

為には法律を制定することが必要であり、又、財政

的措置も必要となるかも知れない、現在の社会秩序を

破壊せずに、返還を実施しなければならないからである

大体、請求する側で請求の項目や根拠を示す

外務省

べきではないか、貴方の理論と具体的なものとを合

致させて説明願わないとこちらには分らない　この問

題は、今回の会談の問題の中で最も現実的なも

のである。政治交渉は上層で行うであろうが、我々は

お互いに専門家として問題を扱うのであるから、何々

だから何々、と云うのでないと、質疑も出来ず、話が進まな

いと述べた。

外　務　省

林代表は、日本側も材料を出され、双方で出すことに

しよう、と述べた。

大野代表は、"我々の方も考えがある、我々の出すべき

数字も我々の理論とマッチしたものでなければならない、

そのためには先ず韓国側が出されなければならない"と

述べた。

林代表は、第一項については、日本側から数字等を出す

外務省

のは難しいであろうから、これは我々の方から出す。と述べ

た。

洪代表は、第二項については、もし日本側が、そのような、

ものは返還しないという議論であるなら、我々は数字を出

しても無駄であるから、出さないであろう。と述べた。

大野代表はこれらの発言に対し、我々は専門家として

卒直に、同志的に話し合い、双方の立場を考え、この委

外務省

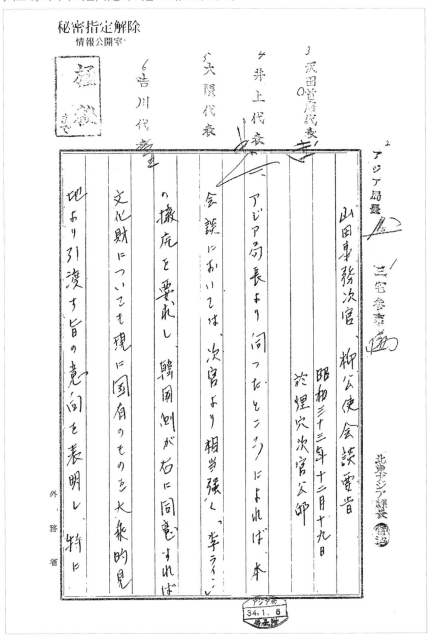

秘密指定解除
情報公開室

秘

アジア局長

三宅審議官

北東アジア課長

6 吉川代

5 大隈代表

4 井上代表

3 池田官房代表

山田事務次官、柳公使会談要旨

昭和三十三年十二月十九日

於煙突次官公邸

一、アジア局長より同つたところによれば、本

会談においては、次官より相当強く、「李ライン」

の撤廃を要求し、韓国側が右に同意すれば

文化財についても現に国有のものを大衆的見

地より引渡す旨の意向を表明し、特に

外務省

アジア
34. 1. 6
審査課

「李ライン」問題をめぐって激論が斗わさ

れた趣。(なお本会談において次官より柳に対し張瞟

根を早急に帰任せしめるよう要請された。)

外務省

次頁不開示

13-608

(6) 協定案の討議

6月15日午前、外務省文化事業部長室で斜谷文化事業部長から方公使にたいし次の「文化上の協力に関する日本国と大韓民国との間の協定」案を韓国側に手交した。

GA 6

外務省

文化上の協力に関する日本国と
大韓民国との間の協定（案）

日本国政府及び大韓民国政府は、

両国間の文化に関する伝統的な深い関係にかんがみ、相互の間の文化交流及び友好関係を今後一層発展させることを希望して、

次のとおり協定した。

第1条

両締約国政府は、文化、学術、科学、技術、芸術、教育及びスポーツの分野における両締約国の国民の間の良好なかつ有効な協力を維持するため、できる限りの便宜を相互に与えるものとする。

第2条

日本国政府は、大韓民国における学術の発展

及び文化の研究に寄与するため及び大韓民国国

民が同国の歴史的文化財について有する深い関

心を考慮して、大韓民国政府に対し付属書に掲

げる日本国政府所有の文化財を、できる限りす

みやかに引き渡すものとする。

第3条

各締約国政府は、自国の領域において、他方

の国の国民に対し、美術館、博物館、図書館そ

の他資料編集施設の利用についてできる限りの

便宜を与えるものとする。

第4条

1. この協定は批准されなければならない。批

准書は、できる限りすみやかに　　で交換

されるものとする。

2. この協定は、批准書の交換の日に効力を生

ずる。

以上の証拠として、下名は、この協定に署名
した。

196 年 月 日に東京で、日本語及
び韓国語により本書2通を作成した。

日本国政府のために

大韓民国政府のために

本協定案の第1条は 1962年12月の 日本側

要綱案の考え方を改め、イランとの文化協

定 第1条に ならった ものであった。これを

起案した 条約課としては、どうせ 韓国とは

文化財引渡しの 協定とは別に 改めて 文化

協定を 作ることは なかなか できないという

配慮 からであった。 これに対し 韓国側

は、その日午後の文化財委員会第4回会合で

次の「大韓民国と日本国間の文化財問題

解決 および 文化協力に関する 議定書要綱
　　　　　　　　　　　　　　　　　　　　　に手交した。
案」（韓国語 および 日本語 訳文）を 日本側

大韓民国と日本国間の文化財
問題解決及び文化協力に関す
る議定書要綱（案）

大韓民国と日本国は、

両国間の文化に関する歴史的な関係を考慮し、

大韓民国がその歴史的文化財に対して有する深

い関心を考慮し、

両国間の学術と文化の発展並びに研究に寄与

することを希望して、次のとおり協定した。

（第 1 ）

大韓民国政府と日本国政府は両国間の文化関

係を増進させるための方法についてできるかぎ

りすみやかに協議することとする。

（第 2 ）

日本国政府はこの議定書の効力発生後 6 個月

以内に附属書に掲げられた大韓民国の文化財を大韓民国政府に対して引渡すものとする。このために両国政府は遅滞なく引渡しの手続などに関し協議するものとする。

（第3）

大韓民国政府と日本国政府はそれぞれ自国の美術館、博物館、図書館その他学術及び文化に関する施設が保有する文化財について他方の国の国民に研究させる機会を与えるため、できる限りの便宜を与えるものとする。

（第4）

その会合で 日本側は、引渡し文化財を

適切な方法で保存・展示を希望し、それに

関する合意議事録、討議の記録、往復

書簡の了案（いずれも不発表）を準備して

韓国側に口頭で その趣旨を説明した。それ

は 宮内庁所蔵の古書（曽祢本、統監本）を

韓国に引渡すことにつき 宮内庁から「もし

引渡し文化財を韓国側が 掠奪品の返還

として 韓国民に宣伝するようになると、皇室

に対して申訳ないことになるので、韓国側に

引渡し後の取扱い方について の保証がな

GA 6   外務省

れば引渡すわけに行かない」という話があっ

たためである。　その後、日本側は、15日の

韓国案の議定書要綱を修正し第4条をつけ

て「日本国と大韓民国との間の文化協定(案)

を作成し、17日夜　ヒルトン・ホテルで　針谷

文化事業部長　から　方々使に　提示した。韓

国側からいくつかの点で意見があり、とくに

協定の題名を「文化賊及び文化協力に関

する協定」とするよう強い希望があったので

その意見に従って題名をかえた。その際、

韓国側は15日に日本側から　口頭で要望した

ところの引渡し文化財の保存展示について、

「文化財及び文化協力に関する大韓民國と

日本國との間の協定についての合意議事録」

案を示してきたので、これについて討議を行

なった。その後、韓國側から合意議事録

では感じが強すぎるので往復書簡案とし、

かつ不公表を希望してきたので そのように

改案された。

(7) 私有文化財の引渡しについての議事録

　　韓国側代表は最後まで私有文化財の

引渡しをも強く主張し、私有文化財に対

する韓国民の関心が強く、その引渡しに

ついて何らふれることなく調印することは

代表としてきわめて困難な立場に置かれる

ことを述べ、その後、18日に韓国側の次の

案が提示された。

13-619
35

文化財及び文化協力に関する大韓民国
と日本国との間の協定についての合意
された議事録（案）

大韓民国政府代表及び日本国政府代表は、本
日署名された文化財及び文化協力に関する大韓
民国と日本国との間の協定に関して次の了解に
到達した。

日本国政府は、日本国国民の私有の下にある
韓国文化財が大韓民国側に寄贈されるように積
極的な指導を行ない、特に次の文化財が優先的
に包まれるようにする。

1

2

3

4

これについて ヒルトン・ホテルで討議を行なっ

たが、 韓国案は 私有文化財の 韓国への寄

贈について 日本政府の 積極的な 指導を強く

要望している点が 日本側で 納得できず、

18日夜に それを 修正した 次の 日本案が提

示された。

文化財及び文化協力に関する大韓民国と
日本国との間の協定についての議事録(案)

　大韓民国側代表は、日本国民の私有の韓国に
由来する文化財が大韓民国側に寄贈される（よ
う日本国政府ができる限りあつせんを行なう）
ことを希望する旨述べた。

　日本側代表は、これらの日本国民がその所有
する文化財を自発的に韓国側に寄贈することは
日韓両国間の文化協力の増進に寄与するもの（と
して歓迎すべきこと）であるので、政府として
はこれを勧奨するものであると述べた。

　（注）（1）内は6月19日に文化財保護委員会
　　　側の意見により削除

この案をめぐる韓国側との折衝について松永

条約課長は次のとおり述べている。（「日韓交

渉の回顧——条約課の立場から」）

　　　「　文化財協定の合意議事録で、私有文

化財を韓国に寄贈することは『政府として

これを勧奨するものである』ということに

なつたが、この『勧奨』の語は今までの条

約・協定に使われた例はない。その時の交

渉のいきさつは、６月１８日夜ヒルトンホ

テルで、韓国側の代表の方公使と金正泰参

事官のいるところで、私はこういう説明

をした。『私有財産権は、戦時体制下にあ

る韓国では日本の場合よりは制約があるに

しても、日本の憲法の下においては、私有

財産に対する権利は強く保護されており、

侵害されない。私有財産は自然保護的に発

生している権利であるという観念がもとも

とその基礎にはあるためだが、それを日本

政府がどうこう措置をとることは憲法上で

GA6

外務省

外務省

きない。そのことを韓国側は認識している
か』といつたら、『それはよく知つている』
といつた。『だから、ここでいつている「勧
奨するものである」ということは、日本政
府としては『結構なことです』という立場
をとるだけであつて、何らこれによつて措
置をとることはないし、またできもしない』
と説明した。韓国側は『それで結構なので
す。韓国側も「韓国側に寄贈されることに
なる」ことを希望する」といつているので、
それを是非してもらわなくてはいけないと
要求しているわけではない。日本側の説明
は、法律的には、そのとおりだと思うし、
ここは単に韓国側がそういう希望を表明し、
日本側も「そういうことになれば、それは結
構なことです」ということでいい』といつ
て、こういう文になつた。」

GA 6

13~623

| 기 사 목 록 |

※『동아일보』와『조선일보』만을 측정한 이유는 두 신문이 식민지기에 간행돼 연속성을 갖고 있고,
발행 부수 면에서도 영향력이 크기 때문이다.

시 기	신문사 및 일시	기사 제목
1951	0건	
1952	0건	
1953	조선일보 11. 12	해외에 나간 국보적 문화재를 회수
1954	0건	
1955	0건	
1956	동아일보 3. 4	문화재의 반환 유네스코 아세아지역회의서 제안
	조선일보 3. 4	유네스코에서 반출 문화재 반환 우리대표가 주장
	조선일보 3. 14	해외에 있는 문화재 등 반환키로
	동아일보 3. 15	우리 대표 귀환 보고서 초
	동아일보 12. 15	총 사백 59점, 일본본서 가져간 우리의 문화재
	조선일보 12. 15	일본이 가져간 국보
	조선일보 12. 18	일본에 가있는 우리문화재 약탈한 것만 3천여 건
	동아일보 12. 31	일본이 훔쳐간 문화재
1957	조선일보 6. 30	일본 미술품 일부 반환. 한국에 문서통고 준비
	조선일보 11. 26	금은괴 반환엔 불응. 한국재산권 청구와 일본 측의 태도
1958	조선일보 1. 8	약탈한 국보는 반환해야 한다-일본의 거부설에 당국자 談
	동아일보 1. 12	한일 합의 사항 실행 원칙 검토
	조선일보 1. 14	한일 간, 국보반환 등 약정존수가 조건
	동아일보 1. 16	일 외무관리, 문화재 반환 설 부인
	조선일보 1. 28	어제 실무자회담 재개
	동아일보 2. 1	문화재 반환 토의
	조선일보 2. 1	한일회담-문화재 반환 등 토의
	조선일보 3. 21	일본, 한일회담 재개위해 억류일본인 전원 송환과 한국국보반환 제안

시 기	신문사 및 일시	기사 제목
1958	동아일보 4. 13	분위별로 제반 안건 토의
	동아일보 4. 18	97종의 문화재, 일본 측서 반환
	조선일보 4. 18	일본, 4백종의 목록도 한국에 전달-문화재 97종 우선 반환
	동아일보 4. 25	극비리에 인도, 일서 문화재 일보
	조선일보 4. 25	일본, 반환 약속한 일부 문화재를 한국에 비밀인도
	조선일보 4. 27	일본이 반환한 국보목록미접-문교부선 인수 준비
	동아일보 5. 21	한일회담 경위와 전망
	동아일보 6. 1	일본인들이 본 한일외교
	조선일보 6. 1	일본당국, 한국에 친선표시로 문화재 106건 반환 언명
	동아일보 6. 2	對韓 인도 문화재 백륙점, 日 정부 측 의회서 답변
	동아일보 6. 4	문화재 반환에 이견
	조선일보 6. 5	한일회담 청구위 회의서 합의-문화재 반환토의
	동아일보 6. 6	문화재 목록을 제시(한국 측), 재산청구권분과위서
	조선일보 6. 8	[사설] 일본의 한국문화재 반환에 관하여
	동아일보 6. 10	柳 주일공사 13일에 귀국
	조선일보 6. 10	문화재 관계 대일약정 금명 해명-증여아닌 저가 수탈품 반환
	조선일보 6. 11	柳泰夏공사, 일본 정부에 반출한 국보목록 요구
	조선일보 6. 14	일본의 문화재 반환 당국서 경위 설명
	동아일보 6. 15	전도요원한 한일회담
	동아일보 6. 26	평화선 계속 불인정
	동아일보 6. 29	한일회담 경과조사 국회, 외무위에 보고토록
	조선일보 7. 5	일본, 북한서 반입한 문화재 반환 주저. 한국에 인계한 106점 목록은 발표
	동아일보 7. 6	반환된 문화재 백륙점의 내역
	조선일보 7. 6	외무부서 확인. 문화재 목록 백6점
	동아일보 7. 8	곧 본 궤도에 진입
	조선일보 10. 3	어업·평화선위 개최. 한일회담, 4일엔 문화재위 재개
	조선일보 10. 5	문화재위 어제 회합. 한일회담 토의 본격화
	조선일보 10. 13	한일문화재 소위 11일 3차 회합

시 기	신문사 및 일시	기사 제목
1958	조선일보 10. 21	반환할 것없다 일본 측 보호위장 망언
	조선일보 10. 21	한국문화재 추가 반환. 일본 정부에서 고려중
	조선일보 10. 26	문화재 반환촉구. 한일회담 청구권 소위회의
	조선일보 11. 9	또 4백 89점의 반환목록 한일회담 문화재소위서 접수
	조선일보 11. 16	내22일에 재개키로 한일회담 문화재위
	조선일보 11. 23	어제 문화재소위 한일회담 무진전
	조선일보 11. 24	[사설] 문화재 반환에 대한 우리의 태도
	조선일보 11. 30	문화재위 별무진전
	조선일보 12. 2	일본, 문화재 별도해결거부. 한국 측 어업문제 흥정에 이용분격
	조선일보 12. 14	13일 12차 회의 한일회담문화재위
	조선일보 1. 7	일 측서 구체적 제안. 문화재 등 반환
1959	조선일보 1. 11	한일 간 평화선 긴요. 첫 단계로 예술품 반환
	동아일보 1. 13	평화선문제로 문화재 불 반환, 藤山 일 외상 談
	동아일보 1. 24	한일회담 새 전략 수립
	동아일보 1. 28	대일 어로 구획선 등 타협안을 최종 검토
	동아일보 1. 29	대일 타협안 확정
	동아일보 2. 2	한일회담에 대한 일본의 표리부동
	동아일보 2. 4	일, 문화재·선박 반환 거부
	동아일보 6. 21	최종 절충안 결렬
	동아일보 8. 4	일, 예비교섭 제안?
	동아일보 8. 5	한·일 대사 교환 고려
	동아일보 9. 3	한국문화재 반환, 日 MRA人士 제의
	동아일보 9. 8	교포재산 반출, 日서 난색 표명
	동아일보 9. 9	보상금액을 절충
	동아일보 9. 10	맥 대사와 要談
	조선일보 9. 19	일 민간인이 한국에 예술품 3점을 반환
	동아일보 9. 24	재일교포 송북 문제를 論함 (下)
	조선일보 10. 23	李澔대표 귀임. 금괴 문화재 반환 등 요구
1960	조선일보 11. 12	한·일 문화재위서 목록제시. 지도원판 등 추가

시 기	신문사 및 일시	기사 제목
1961	조선일보 2. 2	구체적 토의 없어 문화재위 회합도
	조선일보 3. 31	한·일예비회담 문화재위원회-4월 1일부터 본격화
	동아일보 5. 9	韓·日 국교는 현안 해결 후
	조선일보 11. 8	문화재소위도 재산품목설명 회합
	조선일보 11. 19	문화재위원회, "일본정부서 문화재불법반출 책임 못진다"
	동아일보 12. 5	일, 노골적 지연 작전
	동아일보 12. 6	칠개 항의 설명 완료, 한일회담 문화재위
	동아일보 12. 19	의견대립 여전, 선박 및 문화재위
	동아일보 12. 23	한일회담 1월 16일 동경서 재개
	동아일보 12. 31	일본에 흩어져있는 우리 고전 귀중 문헌
1962	동아일보 2. 2	國交前에 문화재 반환
	조선일보 2. 2	일 당국 한국문화재 반환. 성의 다 하겠고 언명
	동아일보 3. 1	반환요구 문화재 목록 제시
	조선일보 3. 2	반환 요구목록 제시. 한일회담 문화재위원회
	조선일보 3. 16	16일 하오 내한. 일본 문화재사절단
	동아일보 8. 13	일본에 빼앗긴 우리 문화재
1963	동아일보 1. 30	일본에 빼앗긴 우리 문화재
	조선일보 2. 9	한일예비회담 문화재전문위 등 내주부터 개최
	조선일보 2. 23	문화재전문가회의 반환요구목록 토의
	조선일보 3. 14	동경박물관소장 우리문화재목록 한·일분위서 인정
	조선일보 4. 12	다시 찾게 될 우리문화재
1964	동아일보 1. 1	가깝고도 먼 한·일 협상
	동아일보 3. 6	한일 본회담에 임할 외무성 태도 천명
	조선일보 3. 17	예총서 성명. 약탈된 문화재 모두 반환돼야
	조선일보 3. 20	일본에 보관 등 5백점 "문화재 돌려 달라". 우리대표단 21일 소위에서 따질듯
	조선일보 3. 24	일본 문부상 언명. 문화재 반환은 증여형식으로
1965	동아일보 2. 15	한일 제7장 (2)문제점
	동아일보 3. 29	한일회담은 우리에게 불리하게만 되어가고 있다

시 기	신문사 및 일시	기사 제목
1965	동아일보 4. 5	한일합의요강 가조인 지나친 양보에 큰 충격
	동아일보 4. 12	풀어본 「한·일합의요강」〈6〉 선심으로 그친 文化財·선박 반환
	조선일보 4. 25	반환품목 협의키로. 한-일문화재위
	동아일보 5. 4	인도문화재의 품목 결정 난관
	조선일보 5. 5	문화재 반환 교섭, 민간소유 반송 거부. 일본, 북한서 가져 간 것도
	동아일보 6. 12	일, 청구권에 더욱 강세
	동아일보 6. 22	협정안· 부속문서
	동아일보 6. 22	조인 직전 한일회담 이대로 갈 것인가 (4)
	동아일보 6. 23	총 1,430 점
	동아일보 6. 23	문화재·문화협력에 관한 협정
	동아일보 6. 24	돌려줘도 아깝잖은 것만…
	조선일보 6. 24	한일회담, 돌아올 문화재 목록
	조선일보 6. 24	간추려 본 한일협정
	조선일보 6. 24	총 1천 3백 21점. 일본서 반환될 문화재 품목 판명
	동아일보 6. 29	고자세와 저자세
	조선일보 6. 29	문화재. 오지 않는 와야할 것, 철저한 무성의 철저한 양보
	조선일보 7. 4	한일회담 대표 李弘稙씨의 귀국보고.
	조선일보 7. 8	(4) 법적지위 문화재 반환. 무형 아닌 영주신청 득실론
	조선일보 7. 11	문화재 품목 중 고서의 경우, 폐서휴지를 받아온 셈.
	조선일보 7. 15	그대로 비준 될 수 없는 한일협정의 중대결함
	조선일보 9. 23	문화재 수송료 등 일본서 전담키로 합의
	조선일보 11. 19	내년 초에 派日. 문화재 인수단
1966	동아일보 1. 12	우리 문화재 3월께 인수
	동아일보 2. 15	일제의 죄상을 고발 한다 〈下〉
	동아일보 2. 28	在日 우리 문화재 4월중에 반입
	동아일보 4. 20	문화재 천 5백 종, 5월 하순께 인수
	조선일보 4. 21	내월 23, 24일 인수. 일본서 찾아올 문화재 천 5백점
	동아일보 5. 7	세 전문가 파견 인수할 문화재 감정 확인위해
	동아일보 5. 9	내일부터 문화재 점검

시 기	신문사 및 일시	기사 제목
1966	조선일보 5. 17	문화재. 천 3백점 돌아와 25일 일본에 빼앗겼던 것
	동아일보 5. 19	돌아올 문화재 점검 첫 공개
	조선일보 5. 19	인수할 문화재 감정중. 골곤등 천점, 李弘植전문위원등
	조선일보 5. 22	〈특파원수첩〉문화재 환국 차비 25일께 돌아올 천 3백 22점
	동아일보 5. 23	문화재 27일 인수
	조선일보 5. 24	오는 27일 도착. 일본서 반환되는 문화재 천점
	동아일보 5. 25	문화재 천여 점 27일 한국 인도
	동아일보 5. 27	우리 문화재 환국
	동아일보 5. 27	주요 반환문화재 목록 99점
	동아일보 5. 28	이제 돌아오는가
	동아일보 5. 28	문화재 정식 인수 문서 교환
	조선일보 5. 28	[사설] 문화재 반환의 의의
	조선일보 5. 28	돌아온 문화재 주요목록
	조선일보 5. 28	문화재 환국. 61년 만에
	조선일보 5. 31	국권으로 문화재 찾아온 의의 크다
	동아일보 6. 23	한일 365일
	동아일보 7. 1	환국 문화재 전시

| 연 표 |

일 자		내 용
1945	10.	진단학회가 일본 정부에 약탈된 도서 반환을 요구
	12.	진단학회가 더글러스 맥아더(Douglas MacArthur)에게 약탈된 도서 및 보물 목록 제출(서적 212종, 미술품 및 골동품 837종) [자료 2] 대일배상 요구 일람표(1949. 3. 15)
1951	7. 28	대일강화조약 준비를 위한 일본 방문(유진오와 임송본) [자료 1] 재일동포의 법적 지위에 관한 건(1951. 7. 3)
	10.	한국 정부의 구 왕실재산목록에 관한 조사
	10. 20	한일 예비회담 개시
	10. 24	구 왕실재산관리위원회 위원장이 외무부장관에게 일본의 약탈 내용 보고서 제출
	11. 20	한일회담 예비회담 개시
	12. 7	주일대표부 공사 김용식 임명
1952	1. 9	김용식 공사와 치바 히로시(千葉晧) 간 비공식 회담 [자료 3] 김용식 공사와의 회담 요지(1952. 1. 9)
	2. 15	제1차 한일회담 개시 재일한국인 법적 지위, 기본관계, 재산청구권, 어업 협정, 선박 반환
	2. 20	제1차 한일회담 재산 및 청구권 분과위원회 제1차 회의: 「한·일 간 재산청구권 협정 요강」 제출, 한국에서 반출된 고서적, 미술품, 그 외 국보, 지도 원판 및 지금(地金), 지은(地銀)에 대한 반환 요구 [자료 4] 8개 항목으로 구성된 한국 정부의 문화재 반환 요구 사항(1952. 2. 21)

일 자		내 용
1952	2. 23	제2차 청구권회의에서 한국 측은 일본으로 유출된 문화재를 정의: 부자연한, 즉 탈취 혹은 한국의 의사에 반하여 가져간 것
		[자료 5] 일본으로의 문화재 반출을 '불법 탈취'로 본 한국 정부의 공식 입장 (1952. 2. 23)
		[자료 6] 문화재 반환의 정치적 타결 제안(1952. 2. 23)
		[자료 7] 한국 정부의 문화재 반환 방법 제시(1952. 2. 23)
	4. 1	한일회담 연기
	4. 26	연합군총사령부, 맥아더라인 폐지에 관한 각서 발표
		한일회담 대표단 귀국
	4. 29	샌프란시스코강화조약 발표
		재일한국인의 일본 국적 상실, 외국인등록법 시행
		미 국무성, '일본의 대한재산청구는 무효'라는 각서 발표
1953	1. 6	이승만 대통령이 일본 요시다 시게루(吉田茂) 수상과 회담
	1. 27	한일 예비회담 개시
	4. 15	제2차 한일회담 개시
	4. 17	기본관계, 재일한국인의 법적 지위 처우, 선박, 어업 등 5분과 위원회 설치
	5. 19	제2차 한일회담 제2차 회의 청구권위원회: 한국 측의 국보, 역사적 기념물, 한국 지도 원판, 원도 및 해도 목록 제출
	6. 15	제3차 한·일 재산 및 청구권 분과위원회: 일본 측이 한국 측의 제출 목록에 대해 조사 중이라는 답변
	7. 12	한국 측, 독도에 침입한 일본 보안청 선박에 발포
	7. 23	독도 영유권 문제로 한일회담 휴회
	7. 24	제2차 한일회담 무기 휴회
	10. 6	제3차 한일회담 개최
	10. 15	제3차 한일회담 재산 및 청구권 분과위원회: 제2차 한일회담에서의 한국 측 반환 요구 목록에 대한 일본 측 답변
		- 모두 정당한 수단으로 취득, 반환의 의무 없음
		- 일본 국유 문화재 중 약간의 양도는 정부에 의뢰해 보겠음
		- 구보타 간이치로(久保田貫一郎) 발언으로 회담 결렬
	10. 21	제3차 한일회담 무기 휴회

일 자		내 용
1953	11. 17	일본 어선에 대한 나포 조치 성명
1954	6. 16	이승만 대통령 특사로 억류 중인 일본인 전원(453명) 석방
1955	1. 29	김용식 공사와 일본의 다니 대사와의 비공식 회담 : 국유의 문화재의 어떤 부분에 대해 독립을 기념하는 것으로 증정해도 좋다고 생각한다는 취지의 발언
1956	12. 16	문교부, 일본에 반출된 문화재 460점의 반환 촉구 서한을 유네스코에 발송
1957	3. 11	기시 노부스케(岸信介) 수상, 김유택 주일공사와의 회담에서 한국 미술품 반환 약속
	3. 29	일본 정부, 공식적으로 대한 청구권 포기, 을사보호조약 무효 선언
	6. 29	일본이 한국에서 반출한 국보 미술품 일부를 반환하겠다고 보도
	12. 30	일본 각료회의에서 한일회담의 원활한 교섭을 위해 한국 미술품 중 즉시 인도할 수 있는 것은 인도하도록 한다고 결정
1958	1. 7	한·일 간 미술품 반환 및 재산청구권을 고려한다는 비밀문서 조인
	1. 8	한·일 간 억류자 매월 90명씩 석방 결정
	2. 23	이승만 대통령, 한·일 관계 정상화 희망 선언
	2. 26	한국 정부, 평화선 침범 일본 선원 200명 제2차 송환
	4. 15	재4차 한일회담 개시
	4. 16	도쿄박물관 소장 한반도 출토 문화재 106점 한국으로 반환: '인도'라는 용어 사용
	6. 4	한일회담 문화재소위원회 제1차 회의에서 한국 측이 문화재 반환 요구
	6. 13	일본 측, 한국에 반환할 문화재 목록 제시 요구
	7. 2	일본 외무성, '일한회담 교섭 방침'에서 '문화재 증여 불가피'로 판단, '국교 회복 후 문화재를 한국 측에 인도하는 방향'을 계획
	10. 25	한일회담 '문화재소위원회 제5차 회의'에서 한국 측이 재차 목록 제시: 일본은 거의 무대응
	11. 3	한국 측, 일본 측에 '문화재의 범주'를 제시: 일본 측에 이 범주에 상정한 문화재 목록 요구
	12. 13	'문화재소위원회 제12차 회의'를 끝으로 협상 결렬: 이 회의까지 일본 측의 대응은 미온적

일 자		내 용
1958	12. 19	유태하 공사가 대통령과 외무장관에게 보고: 야마다 히사나리(山田久就) 일본 외무차관이 1905년 이후 한반도에서 반출된 문화재 중 일본 정부 소유의 것은 전부 반환하지만, 개인 소유의 것은 어렵다는 내용으로 발언 [자료 8] 야마다 차관, 유공사 회담 요지(1958. 12. 19)
1959	2. 29	유태하 주일공사, 한일회담 재개 거부
	4. 19	일본 외무성, 한일회담 즉각 재개 촉고
	6. 25	일본과 북한, 북송에 합의
	7. 8	국제적십자사위원회 북송협정의 불인정을 발표
	7. 30	한국 정부, 한일회담의 무조건 개최 요구, 일본 정부는 교포 북송 강행 결정
	7. 31	한·일 양국 정부, 상호 석방 요의 표명
	8. 7	한일회담 12일 재개 결정
	8. 11	한일회담 수석대표로 허정 임명
	8. 12	한일회담 재개
	8. 18	한일회담 제1차 실무자회의 개최
1960	1. 20	한일회담 도쿄에서 개최
	2. 18	한·일 양국 정부, 억류자의 상호 석방과 한국 미곡 3만 톤의 대일 수출 합의
	4. 15	한일회담 재개
	4. 19	4·19민주화운동 이후 한일회담 지속 곤란
	4. 23	이승만 대통령
	5. 4	일본 정부, 한국 내 일본대표부 설치 제의
	7. 6	한국 정부, 강경 대일정책으로 평화선 침범선의 철저한 나포 결정
	7. 25	일본 정부, 북송 연장
	8. 13	윤보선 대통령 취임
	8. 23	장면 내각 성립
	9. 6	패전 이후 최초 공식 사절로 고사카 젠타로(小坂善太郎) 일본 외상 방한
	9. 15	한국 정부, 주일공사에 엄요섭 임명
	9. 22	한국 정부, 한·일 통상 예비 실무자회담 개최 제의 결정

일 자		내 용
1960	10. 25	제5차 한일회담 예비회담 개최
	11. 11	문화재소위원회 제1차 회의 개최: 한국 측, 반환 대상 문화재들의 7가지 범위를 일본에 전달
	11. 14	수석대표 간 비공식 회의 개최
	11. 24	문화재소위원회 제2차 회의 개최
1961	1. 25	한·일 예비회담 개최
	2. 3	한국 민의원, 배상 후 국교 수립한다는 대일결의안 채택
	2. 22	고사카 외상, 대한재산권 포기 확인
	3. 7	제1차 전문가회의 개최: 일본 측, 문화재 반환은 국제법적으로 의무가 없다고 주장, 한·일 간 공방 지속
	5. 8	제2차 전문가회의 개최
	5. 16	박정희 군사 쿠데타, 한일회담은 중단
	7. 2-18	한국 외무부 정무국, 한일회담의 분과별 대응 방안을 정부에 제출
	7. 3	최고회의의장에 박정희 소장 선출
	7. 15	주일공사에 이동환 임명
	10. 18	윤보선 대통령, 한일회담 재개 희망 발표
	10. 20	제6차 한일회담 개최
	10. 22	주일대사에 한일회담 수석대표인 배의환 임명
	10. 25	김종필 중앙정보부장, 이케다 하야토(池田勇人) 일본 수상과 회담
	10. 31	문화재소위원회 제1차 회의: 문화재 반환 협상은 다른 안건과 결부시키지 않겠다는 의견 교환
	11. 2	일본 수석대표 스기 미치스케(杉道助) 내한, 박정희 의장에게 이케다 수상 친서 전달
	11. 7	문화재소위원회 제2차 회의: 한국 측, 1905년 이후 한국으로부터 반출된 일본의 국보 또는 중요미술품으로 지정된 목록 요구
	11. 12	박정희 의장과 이케다 수상의 회담 개최
	11. 15	문화재소위원회 제3차 회의: 일본 측, 한국으로의 문화재 반환 거부

일 자		내 용
1961	11. 17	전문가회의 제1차 회의
	11. 21	전문가회의 제2차 회의
	11. 28	전문가회의 제3차 회의
	12. 5	문화재소위원회 제4차 회의: 일본 측, 한국으로의 문화재 반환 거부
	12. 6	전문가회의 제4차 회의
	12. 12	전문가회의 제5차 회의
	12. 18	문화재소위원회 제5차 회의: 일본 측, 문화재 반환에 대한 구체적 입장 제시 - 국제법상 반환의 의무 없음 - 문화협조 차원에서 국교정상화 이후에 자발적인 기증
	12. 21	전문가회의 제6차 회의
1962	1. 16	제6차 한일회담 재개
	2. 1	문화재 관련 수석위원들의 비공식 회동: 일본 측, - 박물관 소장품 일차적으로 반환 - 민간 소장품은 국교정상화 이후 문화협력의 원칙하에 점차 반환을 제시 (한국 측 문서에만 기록)
	2. 16	문화재소위원회 제6차 회의
	2. 28	문화재소위원회 제7차 회의
1963	2. 13	문화재관계회의 제1차 회의
	2. 23	문화재관계회의 제2차 회의
	2. 27	문화재관계회의 제3차 회의
	3. 13	문화재관계회의 제4차 회의
	3. 20	문화재관계회의 제5차 회의
	4. 3	문화재관계회의 제6차 회의
1964	3. 21	문화재위원회 제1차 회의 개최
	4. 5	제6차 한일회담 종결
	4. 13	한국 내 한일회담 반대 시위 확대
	6. 21	한국 정부, 한일회담 반대 시위에 대처하는 비상계엄령 발포

일자		내 용
1964	12. 3	제7차 한일회담 개시
1965	2. 20	기본관계 가조인 및 양국 외상 공동 성명 발표
	3. 22	외무성 북동아시아과에서는 한국에 반환할 문화재 목록 정리
	6. 17-18	문화재 관련 전문가들의 마지막 협상:「대한민국과 일본국 간의 문화재 및 문화협력에 관한 협정에 대한 합의의사록」작성에 대해 합의
	6. 22	한일협정 체결

[자료 9] 일한국교정상화 교섭의 기록 총설 12(1965. 3. 6-6. 22)

| 참 고 문 헌 |

자료

국민대학교 일본학연구소, 『한일회담 외교문서 해제집』 I ~ V, 동북아역사자료총서 8, 2008.

藤田亮策, 「朝鮮古蹟調査」, 藤田先生記念事業 編, 『朝鮮學論考』, 1963.

문화재청, 『한일협정 반환 문화재 자료집』 I ~ II, 2005.

일본 국회자료.

일본 외무성 외교문서. 한일회담 외교문서.

단행본

박훈, 「한일회담 문화재 '반환'교섭의 전개과정과 쟁점」, 국민대학교 일본학연구소 편, 『외 교문서 공개와 한일회담의 재조명 2: 의제로 본 한일회담』, 선인, 2010.

정규홍, 『우리 문화재의 수난사』, 학연문화사, 2005.

조부근, 『잃어버린 우리 문화재를 찾아서』, 민속원, 2004.

황수영, 『일제기 문화재 피해자료』, 한국미술사학회, 1973.

논문

高崎宗司, 「日韓会談における文化財返還交渉について」, 『朝鮮史研究会論文集』 第23集, 朝鮮史研究會, 1986.

국성하, 「한일회담 문화재 반환 협상 연구」, 『한국독립운동사연구』 제25집, 2005.

류미나, 「일본의 문화재 '반환'으로 본 식민지 지배의 '잔상', 그리고 '청산'의 허상: 1958

년 일본의 제1차 문화재 반환까지의 교섭과정을 사례로」, 『일본역사연구』 제32집, 일본사학 회, 2010.

류미나, 「한일회담 외교문서로 본 문화재 반환 교섭」, 『일본역사연구』 제30집, 일본사학 회, 2009.

안소영, 「한일회담을 둘러싼 일본 정부의 정책결정」, 『일본학연구』 제31집, 단국대학교 일 본학연구소, 2010. 9.

유지아, 「동아시아 국제관계와 일본 내 한일회담 반대운동」, 『탐라문화』 제48권, 2015. 2.

이보아, 「문화재의 원산국으로의 반환에 대한 고찰」, 『비교문화연구』 제5집, 서울대학교 비 교문화연구소, 1999.

최종길, 「전학련과 진보적 지식인의 한반도 인식: 한일회담 반대 투쟁을 중심으로」, 『일 본역사연구』 제35집, 2012.

현대송, 「한일회담에서의 선박문제: 어업·평화선·독도 문제와의 4중주」, 『한국정치학회 보』 제50권 1호, 2016.